생성형 AI로 상담, 발명, 작문, 작곡, 논문, 영어 회화, 생활기록부 도전

챗GPT 시대
교육, AI로 풀다

챗GPT 시대 교육, AI로 풀다

발 행 | 2023년 05월 24일
총 괄 | 지미정
저 자 | 노명호, 지미정, 오한나, 윤신영, 윤주현, 오미숙, 장희영, 표완구
          김봉한, 소민영, 장덕진
디자인 | 장희영, 소민영
펴낸이 | 한건희
펴낸곳 | 주식회사 부크크
출판사등록 | 2014.07.15.(제2014-16호)
주 소 | 서울특별시 금천구 가산디지털1로 119 SK트윈타워 A동 305호
전 화 | 1670-8316
이메일 | info@bookk.co.kr

ISBN | 979-11-410-2950-0

www.bookk.co.kr

생성형 AI로 상담, 발명, 작문, 작곡, 논문, 영어 회화, 생활기록부 도전

챗GPT 시대
교육, AI로 풀다

저자 소개

지미정(세마초등학교 교사, for2102@jimj.kr)
· 구글 공인 혁신가, GEG 화성 리더, 경기도메타스쿨연구회 회장
 (2022), 지식샘터 강사
· 유튜브: 도전하는 지쌤의 <공개수업>

윤신영(부용초등학교 교사, inmyheart829@naver.com)
· 구글 공인 트레이너, 경기도 에듀테크활용교육 선도교사
· 블로그: 네이버 <윤선생의 교단 트렌드>

윤주현(송탄초등학교 교사, bacusiki777@gmail.com)
· 구글 공인 혁신가, GEG 평택 리더, 지식샘터 강사

오미숙(솔빛초등학교 교사, cecil7879@gmail.com)
· 구글 공인 트레이너

장희영(도이초등학교 교사, t.hy.050319@gmail.com)
· 구글 공인 트레이너, GEG 화성 리더

오한나(효명중학교 음악교사, muse@hmj.or.kr)
· 구글 공인 코치, GEG 화성 리더, 구글 공식 파트너사 에듀벤처
 자문교사
· 저서: 인공지능 융합수업 가이드(다빈치북스, 2023)

표완구(오성중학교 과학교사, benzene1404@gmail.com)
· 구글 공인교육전문가(Lv1,2), 2급 발명교사, 청소년 과학교육발
  전과 과학꿈나무 육성 장관표창, 과학경진대회 지도교사 장관상
  (2015, 2017, 2020)

김봉한(클래스포에듀 전문강사, bonghanwith@gmail.com)
· 구글 공인 트레이너, 레고 전문강사

소민영(솔빛초등학교 교사, ggomi05@gmail.com)
· 구글 공인 트레이너

노명호(다온초등학교 교사, iwriter@iwrite.co.kr)
· (現) 평택·화성 AI 연구회 리더, 구글 공인 트레이너
· (前) GEG 평택 리더, 초등 1급 정교사 논술 출제 위원

장덕진(평택새빛초등학교 교사, jdj931013@korea.kr)
· 구글 공인 혁신가, 대한민국 정보교육상, 대한민국 안전대상(2022)
· 저서: 세상에서 가장 쉬운 메타버스 게더타운&이프랜드(제이펍, 2022)

● GEG 평택·화성 AI 연구회

> 'Google Educator Group'은 구글 도구를 활용하며,
> 에듀테크 지식을 나누는 자발적 비영리 교육자 모임입니다.
> 이 책은 평택과 화성의 GEG 교육자들이 모여 집필했습니다.

들어가며

"Winter is coming"
<왕좌의 게임 中 토니 스타크 대사 인용>

"선생님, 이거 어떻게 하는 건지 좀 도와줄 수 있어요?" 코로나 비대면 수업 기간에 여러 선후배 선생님으로부터 자주 호출을 받았던 기억이 납니다. 오프라인에서 온라인으로 수업 방식이 전환되면서 학교 현장에서는 기이한 현상이 발생했습니다. 기술에 대한 이해도에 따라 선배가 후배가 되기도, 후배가 선배가 되기도 하는 '역할 역전 현상'이 벌어졌습니다. 비단 수업뿐만 아니라 업무 처리 역시 온라인을 통해 공유와 협업 방식으로 이루어져 디지털 리터러시에 따라 사람들은 웃기도 하고 울기도 하였습니다.

얼마 전 국내에 코로나19 확진자가 발생한 지 3년 4개월 만에 정부는 엔데믹을 선언하였고, 학교는 공식적으로 완전한 일상으로 다시 복귀해 아이들을 맞이하고 있습니다. 모두에게 혹독하리만치 힘들었던 계절은 끝이 난 걸까요?

2022년 11월 말 챗GPT(ChatGPT)라는 초거대 AI가 대중에게 모습을 드러내면서 사회 전반에 혁명적 수준의 영향력을 행사하고 있습니다. 그 영역은 비단 산업계를 뛰어넘어 교육 현장에도 손길을 뻗치고 있습니다.

그동안 의심 없이 당연하게 받아들여진 '지식'과 '가르침'의 정의는 인공지능과 빅데이터 중심의 4차 산업 혁명, 특히 챗GPT의 출현으로 중대한 도전을 받고 있습니다. 어쩌면 교육 현장에서의 진짜 겨울은 아직 시작조차 되지 않았고, 우리가 애써 외면하거나 혹은 무신경해서 모를 뿐 성큼성큼 다가오는 중일지 모릅니다. 그리고 이 겨울은 코로나 감염병처럼 2~3년 지속하다 사라지는 일시적 유행이 아니라 인간 역사를 구분하는 불가역적 시대로 자리 잡을 것이라는 우려 섞인 전망이 지배적입니다.

교육 현장에서 아이들과 마주하는 교육자들은 이러한 상황 속에서 어떻게 겨울을 맞이해야 하는지 그리고 이러한 소용돌이 속에서 우리의 역할은 무엇일지 고민이 필요한 시점입니다. 정부 차원에서 교육부는 기술의 발전을 기반으로 학생 개별 맞춤형 수업을 위한 AI 튜터의 도입을 선언하고, AI 기반의 교수·학습플랫폼 개설을 추진하고 있습니다. 그리고 교사들에게는 기발표된 2022 개정교육과정을 통해 전통적인 지식 전달자로서의 교사가 아닌 학생의 미래역량을 키우는 코치이자 촉진자로서의 새로운 역할을 요구합니다.

그러나 우리는 이러한 개론 기반의 이야기가 아닌 현장의 고민을 담아 겨울을 대비하는 교사들의 실천적 고민을 책 한 권에 담기로 마음을 먹었습니다. 그것이 거의 매일 새로운 관련 뉴스, 신문 기사, 유튜브 영상 그리고 서책이 쏟아져 나오고 있는 현재의 생성형 AI와 관련된 환경에서 교사들이 혹한 겨울을 대비할 수 있는 첫걸음이라고 생각했기 때문입니다.

사실 이 책을 집필한 저자들 역시도 많은 두려움을 느낍니다. 학문적으로나 이론적으로 정보통신 분야에서 깊은 이해도를 갖춘 것도 아니며 동시에 인공지능 개발자 역시 아닌 '사용자'의 입장이기 때문입니다. 그러나 단지, 우리가 교육 현장에서 직면한 문제를 능동적으로 해결하고자 하는 의지와 조금의 용기를 갖추었기에 이렇게 글로써 독자분들 앞에 서게 되었습니다.

평화(평택·화성) AI 연구회의 출발은 인공지능 분야에 대해 수많은 사람이 이야기하고 교육적 활용 방안에 대해서 다루고 있으나, 깊이 있는 성찰과 실천 경험을 가진 사람들이 아직 많지 않은 시점에서 현실 속 교육 문제를 AI를 활용해 풀어보자는 마음을 모은 것이 그 시초입니다.

그렇게 11명의 작은 마음이 모인 후 협력적 의사소통을 바탕으로 두 달 동안 매주 오랜 시간에 걸쳐 교육 현장에서의 고민과 해결을 위한 시행착오를 담담히 털어놓았습니다. 사례 나눔 과정에서 특이했던 점을 밝히면 발표자 다수가 AI를 활용하는 기술적 문제 같은 외적 어려움보다는 자신이 해결해야 할 문제를 인식하고 명확히 정의하는 내적 어려움을 더 많이 겪었다는 사실입니다. 즉, 신기술에 대해 자신감이 부족하거나, 정서적 거부감을 가진 분들도 어쩌면 마음속 가지고 있는 고민은 기술로 해결하는 영역이 아닐 수 있다는 생각을 한 번쯤 해보면 좋을 것 같습니다.

연구 활동이 진행되며 상호 간 깊이 있는 피드백으로 최대한 다양한 시각이 연구 결과물에 반영되도록 노력하였으며, 이를 바탕으로 완성도를 높이고자 노력하였습니다. 그리고 그 결과로 <챗GPT 시대 교육, AI로 풀다>가 세상 앞에 모습을 드러내게 되었습니다.

이 책은 AI 기술에 대해 알려주는 가이드나 매뉴얼은 아닙니다. 매일 기존의 기술이 업데이트되고 새로운 기술들이 쏟아지는 혁신의 시대에 단순히 과거의 지식을 반복해서 알려주는 튜토리얼을 만들고 싶지는 않았습니다. 따라서 저자들이 스스로 인식하고 정의 내린 교육 현장 속 문제를 적합한 해결 수단으로서 AI 기술을 접목 활용하는 지점에서 더 많은 영감과 인사이트를 얻으실 수 있기를 기대합니다. 기술과 사용법은 의지만 있다면 누구나 배울 수 있지만 오랜 성찰에서 나온 고민과 이를 해결하기 위한 다양하고 창의적인 아이디어들을 살펴볼 기회는 많지 않습니다. 그렇기에 저자들은 그 부분을 책에서 보여주고 싶었습니다.

앞으로 인류가 생성 AI를 활용해 생산해 낼 지식의 양은 이전과는 다른 차원이 될 것입니다. 이를 전제하고 생각하면 중요한 것은 지식의 양이 아닌 지식에 대한 태도와 삶에 적용하는 실천이라고 생각합니다. 이는 절대 쉽지 않은 일로서 저희 11명의 공동 저자 모두 연구하고 실천하는 과정에서 상당한 어려움과 시련을 겪었습니다. 그러나 이러한 시행착오에 스스로 몸을 던져 반 발짝 앞서 겨울을 대비하는 우리들의 이야기가 부디 독자 선생님들께 도전하는 용기를 불러일으킬 수 있다면 좋겠습니다. 그리하여 많은 분이 더 이상 겨울이 아닌 봄으로 격변의 시기를 맞이할 수 있기를 소망합니다.

끝으로 서문을 맺으며 특별히 감사한 마음을 표하고자 합니다. 누군가 글쓰기는 고통에 품위를 더하는 일이라 말했습니다. 공감합니다. 끝까지 포기하지 않으시고 고통 속에 감당하신 연구회 모든 선생님의 품위에 고개 숙여 감사드립니다. 우리 연구회 이름처럼 부디 고생하신 선생님들 모두의 마음속에 평화가 충만하기를 기원하며 맺습니다.

2023년 5월
평화 AI 연구회 리더 노 명 호

목 차

III. 생성형 AI와 함께하는 미래 수업

IV. AI로 성장하는 교사, 교사의 역량개발

챗GPT 시대
교육, AI로 풀다

챗GPT는 현재 13세 이상만 사용 가능하며, 18세 미만이면 부모님의 동의가
필요합니다. 연령 제한 때문에 학생이 직접 챗GPT를 사용하지 않고
교사가 대신 사용해서 그 결과를 보여주는 방법을 추천합니다.

Ⅰ. 질문이 있는 교실, 학생이 주도하는 수업

　　교실에서 선생님들이 겪는 가장 큰 어려움은 무엇일까요? 어릴 때만 해도 너도나도 발표하기 위해 손을 들고 선생님의 관심을 받기 위해 노력하던 아이들이 어느 순간 손을 들지 않고, 수업을 듣지 않고 엎드리기까지 합니다. 이는 비단 어느 한 학급의 문제가 아니라 우리나라 국민이라면 정규교육 과정에서 본 교육의 구조적 문제입니다. 어느 순간 '질문하기'는 사라지고 '정답 찾기'만이 교실을 지배합니다. 정답 찾기에 실패한 학생들은 자신감을 잃기 시작해서 수업 방해와 잠이라는 도피처를 찾아가는 악순환이 계속 됩니다.

　　생성형 AI의 시대에서는 수업의 혁신이 이루어질 수 있을까요? '질문이 있는 교실, 학생이 주도하는 수업'과 관련하여 오랜 시간 학교 현장에서 연구한 교원들이 1) 학생 행위 주체성을 기르는 AI 튜터, 2) AI와 협업하는 학생 주도적 글쓰기 지도법, 3) AI와 함께하는 자기주도학습, 이 세 가지 주제에 대해 이야기합니다.

　　챗GPT라는 전혀 생각지도 못하는 교육의 외부 요소에 의해 소위 '질문하는 방법'에 대한 관심이 가장 높은 시점에서 고민된 학생 주도성을 위한 교육혁신 시도를 살펴봅시다.

학생 행위 주체성을 기르는 AI 튜터

세마초 교사 지미정

미래 교육으로 나아가기 위해서는 역량에 집중한 AI 튜터로의 접근이 필요합니다. AI는 학생 행위 주체성과 변혁적 역량을 함양시키는 도구로 활용되어야 하며, 이런 관점에서 생성형 AI를 정보 탐색, 질문 중심, 문해력 향상 등에 활용하는 방안을 제시합니다.

- **적용 가능 학년 · 과목: 초 · 중등**
- **활용 에듀테크: 오픈AI API(OpenAI API), 챗GPT(ChatGPT), 구글 시트(Google sheet)**

1. 머리말

AI 기술 발전 속도가 빨라지면서 교육 현장에서도 AI 기반 학습 시스템 도입 움직임이 활발해지고 있습니다. 그리고 AI 튜터로 불리는 학생 맞춤형 AI 플랫폼 개발과 AI 기반의 교과과정 프로그램(코스웨어)의 도입에 박차를 가하고 있습니다.

AI 기반의 학습 시스템을 이용하면 빅데이터 분석을 통해 개별 학생의 취약점을 파악하고, 취약한 부분을 보완할 수 있는 콘텐츠를 추천해 줄 수 있습니다. 또한 다양한 멀티

미디어 자료를 활용함으로써 보다 효과적인 학습 환경을 조성할 수 있습니다. 물론 아직은 완벽하게 구현되지 않아 한계점도 존재하지만, AI 기술이 발전할수록 현재보다 훨씬 효율적인 교육환경이 구축될 것입니다. 하지만 일부 언론에서는 AI 튜터에는 상호작용이 없으며, 학생의 자율 학습을 도와주는 '도구' 정도일 뿐이라고 비판합니다.[1]

분명 AI 튜터는 학생들의 학습을 도와줄 수 있을 것입니다. 하지만 우리가 목표로 하는 것은 학생들이 미래핵심역량을 함양하는 것이며, 이는 단순 학생 맞춤 AI 문제 은행 플랫폼으로는 함양할 수 없습니다. 그렇다면 생성형 AI를 수업에 어떻게 활용했을 때, 학생들의 역량을 강화할 수 있는 AI 튜터로 자리 잡을 수 있을까요?

2. 정보 탐색 활동 바꿔보기

가. 정보 탐색 활동에서 중요한 것

교육에서 정보 탐색 활동은 학생들이 필요한 정보를 찾고 분석하여 그것을 활용하는 데 필요한 기술과 능력을 강화하는 것을 교육 목표로 하는 학습 활동입니다. 정보 탐색 활동은 주어진 주제에 대한 정보를 찾는 것뿐 아니라, 정보

---

1) ""국자와 효자손은 달라"···AI 튜터에는 '상호작용' 없다", 뉴스핌, 2023.04.08., www.newspim.com/news/view/20230407000860(접속일자:2023.05.15.).

의 질과 신뢰성을 평가하고, 정보를 효과적으로 조직하고 전달하는 방법을 습득하는 것을 목표로 합니다.

나. 수업에 AI 초대하기

위의 목표를 생각하며 <사회 6-2-1. 세계 여러 나라의 자연과 문화> 단원의 수업을 바꿔보겠습니다.

기존의 인터넷 검색을 통한 정보 탐색 활동에서는 학생들은 주로 중국, 미국, 일본, 이탈리아 등과 같이 단순히 나라를 나누어 주제로 선택합니다. 하지만 생성형 AI를 활용한 방법에서는 AI가 생성한 정보를 바탕으로 분석과 평가, 조사 과정에서 학생마다 흥미와 관심이 생긴 주제를 선택하게 됩니다. 예를 들면, 같은 언어를 쓰는 나라에 대한 비교 분석 탐구, 세계 여러 나라의 종교에 대한 탐구, 우리나라와 같은 기후를 가진 나라 탐구 등으로 관점이 있는 정보 탐색 활동이 가능합니다.

학생들은 기존의 방법보다 주체적으로 주제를 선정하게 되며, 이 주제를 선정하기 전에 생성형 AI가 제공한 정보를 바탕으로 이를 분석하고 평가하는 과정을 거치게 됩니다.

다. 수업의 재구성

그럼 수업에서 생성형 AI를 어떻게 활용했을 때, 저런 변화가 생기는 건지 함께 알아보도록 하겠습니다. 사회과 정보 탐색 활동에서 주어진 주제에 대한 정보를 찾는 것보다, "정보의 질과 신뢰성을 평가하고, 정보를 효과적으로 조직하고 전달하는 방법을 습득하는 것"에 조금 더 중점을 두고, 생성형 AI의 특성을 고려하여 재구성하였습니다.

(1) 정보 생성: 나라별 정보 AI로 생성하기[2]

교사는 학생들과 함께 교과서를 보면서 학습 요소 및 성취 기준을 분석하여 구글 시트(Google Sheet)[3]에 표로 정리하고, 학생들은 이와 관련하여 알아보고 싶은 나라 이름을 각자 적습니다.

학생들이 각자 선택한 나라를 입력하면 교사는 AI를 활용하여 표의 내용을 생성합니다.[4]

(2) 정보 분석 및 평가

교사와 학생은 정보에 대해 분석하고 평가하는 활동을

---

2) 구글 시트에서 오픈AI API(OpenAI API)를 활용한 정보를 생성하는 구체적인 방법은 다음 장에서 다룹니다.
3) sheet.new
4) 학생별로 적은 나라가 겹칠 수 있으며, AI로 생성된 정보를 비교해 볼 수 있는 좋은 학습 자료가 되기도 합니다.

합니다. 이미 알고 있는 거짓된 정보, 애매해서 확인이 필요한 정보, 내용이 너무 적어서 추가 조사가 필요한 정보 등을 찾아봅니다.

각각 분석한 정보별로 서식(색상)을 달리하여 표시해 놓으면 좋습니다.

(3) 추가 정보 수집 및 정보 수정

위에서 표시해 놓은 것에 대해 학생들은 역할 분담을 통해 정보 수집을 하고, 구글 시트의 메모 기능을 활용하여 찾은 정보와 출처를 기록합니다.

물론 그렇게 학생들이 찾은 정보 또한 AI가 생성한 정보와 마찬가지로 정보의 질과 신뢰성을 평가하는 과정을 거칩니다.

(4) 개별 탐구 주제 선정하기

기존 인터넷 검색 활용 방법에서는 학생들이 세계 각국에 대한 정보 없이 주제(나라)를 선택하지만, 생성형 AI를 활용한 방법에서는 정보를 기반으로 한 분석과 평가 과정을 통해 학생들이 활동 중 흥미를 느끼는 주제를 다양한 관점에서 선정하게 됩니다.

라. 생성형 AI 활용법

오픈AI API[5])와 구글 시트의 'GPT for Sheet™ and Docs™'를 활용[6]) 과정은 다음과 같습니다.

(1) [교사]- 구글 시트에 항목 작성하기
(2) [학생]- 공유된 구글 시트에 나라 이름 적기
(3) [교사]- GPT_TABLE 함수 입력하기

: GPT 함수 결괏값은 항상 일치하는 것은 아니므로 1차, 2차 결괏값을 생성하여 이를 각각 비교 분석하는 것을 추천합니다.[7])

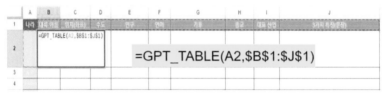

[그림1-1] 오픈AI API를 활용하여 구글 시트에서 GPT_TABLE 함수를 입력한 예시

(4) [교사]- 잘못된 정보(빨강), 확인이 필요한 정보(파랑), 추가 조사가 필요한 정보(노랑) 등으로 구분 지어 표시하고, 학생별로 역할 분담하여 조사하기

---

5) platform.openai.com
6) 자세한 내용은 본문의 "학교 생활기록부 문장 은행 만들기(소민영)",(165~170쪽) 참조.
7) GPT함수는 구글 시트가 열릴 때마다 재실행되어 결괏값이 달라질 수 있으므로, 비교 분석할 1차, 2차 결괏값이 변경되지 않도록 결괏값 복사 후, 새 시트에 값만 붙여넣기(Ctrl+shift+v)를 한 후, 두 결괏값을 비교합니다.

나라	대륙 이름	위치(좌표)	수도	인구	언어	기후	종교	대표 산업	3가지 특징(문화)
한국	대한민국	37.5665° N, 126.9780° E	서울	51,709,098명	한국어	기후는 대체로 4계절이 구분되며, 겨울은 추워서 매우 춥고, 여름은 무더운 편이다.	불교, 기독교, 천주교 등 다양한 종교가 혼재하고 있다.	반도체, 자동차, 조선, IT 등	K-pop, 한식, 한복 등 한국의 문화가 세계적으로 유명하며, 높은 교육 수준과 체계적인 교육제도를 가지고 있다.
미국	북아메리카	37.0902° N, 95.7129° W	워싱턴 D.C	328,239,523명	영어	다양한 기후	기독교, 유대교, 이슬람교, 불교	서비스산업, 제조업, 농업	세계 최대의 경제 대국, 다양한 인종과 문화가 공존, 자유주의적인 사상이 강함
영국	유럽	51.5074° N, 0.1278° W	런던	66,040,229명	영어	기후가 다양하며 비가 자주 옴	기독교	금융, IT, 제조업	역사적인 유산이 풍부하며 왕실이 존재함, 유럽 연합의 일원, 교통이 발달함

[그림1-2] 구글 시트에서 GPT_TABLE 함수를 활용한 1차 결괏값 예시

나라	대륙 이름	위치(좌표)	수도	인구	언어	기후	종교	대표 산업	3가지 특징
한국	아시아	36.5°N, 127.5°E	서울	51,709,098명 (2021년)	한국어	기후는 대체성 기후와 해양성 기후가 혼합되어 있으며, 봄과 가을은 매우 짧고 여름과 겨울은 길다	불교, 기독교, 천주교, 무교	반도체, 조선, IT	1. 한반도에 위치한 나라로, 북쪽으로는 조선민주주의인민공화국과 맞닿아 있다. 2. 세계에서 가장 빠른 인터넷 속도를 보유하고 있다. 3. K-POP, K-드라마 등 한류 문화가 세계적으로 유명하다.
미국	북아메리카	37.0902° N, 95.7129° W	워싱턴 D.C	328,239,523명	영어, 스페인어 등	다양한 기후	기독교, 유대교, 이슬람교 등	제조업, 서비스업, 농업	세계 최대의 경제 대국, 다양한 문화와 역사, 자유로운 사상과 생활 방식
영국	유럽	51.5074° N, 0.1278° W	런던	66,040,229명	영어	기후	기독교	금융, 서비스, 제조업	역사, 문화, 왕실

[그림1-3] 구글 시트에서 GPT_TABLE 함수를 활용한 2차 결괏값 예시

(5) [학생]- 추가 조사한 자료를 해당 셀에 구글 시트의 메모 기능8)을 활용하여 입력하기

나라	대륙 이름	위치(좌표)	수도	인구	언어	기후	종교	대표 산업	3가지 특징(문화)
한국	대한민국	37.5665° N, 126.9780° E	서울	51,709,098명	한국어	기후는 대체로 4계절이 구분되며, 겨울은 추워서 매우 춥고, 여름은 무더운 편이다.	불교, 기독교, 천주교, 무교 등 다양한 종교가 혼재하고 있다.	반도체, 자동차, 조선, IT 등	K-pop, 한식, 한복 등 한국의 문화가 세계적으로 유명하며, 높은 교육 수준과 체계적인 교육제도를 가지고 있다.
미국	북아메리카	37.0902° N, 95.7129° W	워싱턴 D.C.	328,239,523명	영어				최대의 경제 대국, 다양한 인종과 ...공존, 자유주의적인 사상이 강함
영국	유럽	51.5074° N, 0.1278° W	런던	66,040,229명	영어				인 유산이 풍부하며 왕실이 존재함, ...합의 일원, 교통이 발달함

메모: 미국에서 사용되는 주요 언어는 영어입니다. 영어는 미국의 공식 언어이며, 대부분의 미국인들이 일상 생활에서 사용합니다.

또한, 미국 내에는 스페인어, 중국어, 프랑스어, 독일어, 이탈리아어, 한국어 등 다양한 언어들이 사용되고 있습니다. 이는 미국이 다문화 사회이기 때문입니다.

[그림1-4] 구글 시트에서 메모 기능을 활용하여 추가 정보 정리 예시

(6) [학생]- 생성형 AI와 친구들의 협업으로 완성된 자료를 보면서 개별 탐구 주제 선정하기

---

8) 해당 셀 선택 - 우클릭 - <메모 삽입>

마. 생성형 AI를 활용한 정보 탐색 활동의 특이점

(1) 구글 시트에서 정보 탐색을 하고자 하는 항목과 나라에 GPT_TABLE 함수를 적용하면 10초도 안 되는 시간에 나라별 정보를 한눈에 파악할 수 있는 표가 완성됩니다.

(2) 생성형 AI의 특성에 따라 이 정보가 일관되지 않을 수도 있으며, 거짓된 정보가 포함될 수도 있습니다. 따라서 생성형 AI의 단점을 보완하기 위해 두 가지 이상 결괏값의 활용을 제안합니다.

(3) 오픈AI API를 활용한 두 가지 이상의 결괏값에 대해 비교 분석하는 활동은 교사와 학생의 활발한 피드백을 통해 잘못된 정보(빨강), 확인이 필요한 정보(파랑), 추가 조사가 필요한 정보(노랑) 등 구분하는 활동에 집중합니다.

(4) 기존의 대부분 시간을 할애했던 단순 정보 탐색 활동은 오픈AI API를 활용하여 시간을 최소화하고, 정보를 비교 분석하고 평가하는 활동에 초점을 맞춰 활동을 진행할 수 있기에 학생의 고차원적인 사고력을 증진할 수 있습니다.

(5) 추가 정보 탐색이 필요한 내용에 대해 서로 역할을

나눠서 추가 탐색하고, 하나의 구글 시트에 내용을 공유하기에 같은 정보를 여러 명이 찾는 수고를 덜어줍니다.

(6) 구글 시트의 [메모 삽입] 기능을 활용하여 기존 오픈AI API의 결괏값을 그대로 보존하면서 추가 자료를 찾아 입력하여 함께 공유할 수 있습니다.

(7) 여러 정보가 정리된 하나의 구글 시트 표의 정보를 활용하여 학생 각자 탐구하고자 하는 주제를 보다 심도 있게 선정할 수 있습니다.

(8) 오픈AI API가 생성한 정보를 비교 분석하고 추가 정보를 탐색하는 활동을 통해 다양한 정보 속에서 거짓 정보를 가려내고, 정보의 신뢰성에 대해 비판적으로 생각할 수 있는 디지털 시민 역량을 길러줍니다.

3. 질문이 만발한 교실로 바꿔보기

가. 아직도 그러하지 아니한가?

2010년 G20 서울 정상회의 폐막식에서 오바마 대통령이 한국 기자들에게 몇 번이나 질문의 기회를 줬음에도 결국 한국 기자가 아닌 중국 기자가 질문을 했던 그 부끄러웠던 사건9) 이후로 벌써 10년이 넘게 지났습니다. 그런데 과연 한국 사회는 질문이 있는 나라로 변했을까요?

솔직히 저는 챗GPT(ChatGPT)를 접하게 되면서 질문을 많이 하게 되었습니다. 사람처럼 거짓을 말하기도 하지만, 정말 다양한 분야의 정보를 친절하게 알려주는 다재다능한 친구입니다. 이 챗GPT로 인해 저 또한 더 똑똑해지고 있는 기분입니다. 왜냐하면, 그 전엔 하지 않던 것을 하고 있기 때문입니다. 바로 '질문'입니다.

내가 오늘도 똑똑해질 수 있도록 나에게 질문 3개를 해줘.

- 왜 우리는 달을 밤하늘에서 볼 수 있을까요? 달이 밤하늘에 떠 있는 이유에 대해 알려주세요.
- 왜 우리는 얼음이 녹을 때 물이 되는지 알려주세요. 얼음과 물의 상태 변화에 대해 설명해 주세요.
- 왜 우리는 손가락을 접으면 힘이 생기지 않을까요? 손가락을 접을 때 힘이 전달되지 않는 이유에 대해 알려주세요.

[표1-1] 챗GPT에서 질문 생성에 대한 프롬프트와 그 답변 예시 1

---

9) "질문 안 하는 기자들? 안 하는 게 아니라 못하는 것", 미디어오늘, 2014.02.03., www.mediatoday.co.kr/news/articleView.html?idxno=114621(접속일자: 2023.05.18.).

나. 교실에 질문왕 챗GPT 초대하기

교실에 질문왕 챗GPT를 초대해 보겠습니다. 선생님들도 교실에 초대된 질문왕 챗GPT를 상상해 보시고 어떻게 활용하실지 함께 생각해보시기 바랍니다.

> 5학년 아이들이 재미있게 생각할 만한 가벼운 질문을 해줘.
> 하지만 그 질문이 탐구심을 일으킬 수 있으면 좋겠어.

- 인간의 척추는 몇 개의 뼈로 구성되어 있나요?
- 동물들은 어떻게 소리를 내나요?
- 나무에는 왜 껍질이 있는 걸까요?
- 왜 우리가 땀을 흘리게 되는 걸까요?
- 왜 우리는 잠을 자야 할까요?
- 왜 우리는 기억을 잃을까요?
- 우리가 웃을 때 우리 몸에 어떤 변화가 일어날까요?
- 우리 몸에 있는 물은 어디서 왔을까요?
- 세계에서 가장 큰 동물은 무엇입니까?
- 세계에서 가장 오래된 책은 무엇입니까?

[표1-2] 챗GPT에서 질문 생성에 대한 프롬프트와 그 답변 예시 2

저는 질문으로 하루를 시작해 보겠습니다. 교사는 챗GPT를 활용해 오늘의 질문과 관련된 프롬프트를 입력합니다. 물론 학생이 입력할 수 있는 여건이 된다면 학생 스스로 프롬프트를 입력하여 스스로 자신의 관심 주제에 대한 질문을 생성하는 게 좋습니다.

아침 자습 시간이나 1교시 시작할 때, 5~10분 정도 질문 선택과 서로의 생각을 나누는 시간을 줍니다. 그리고 3~5교시 끝나기 전 10분 정도 자료를 검색할 기회를 주고, 서로 찾은 자료를 공유하도록 합니다. 그리고 수업을 마무리하는 활동으로 질문에 대한 답변을 각자 생각해서 정리하거나 함께 알게 된 내용을 이야기하며 마무리합니다.

물론 수업 시간을 쪼개서 하는 활동이 버겁게 느껴진다면 1~2주 단위로 계획하여 실시하여도 됩니다.

> **우리 몸에 있는 물은 어디서 왔을까요? 이 질문에 대한 답을 알려줘.**

> 우리 몸에 있는 물은 다양한 곳에서 온다고 할 수 있어요. 여기 몇 가지 주요한 소스들이 있어요:
> - **음식과 음료**: 우리가 먹는 음식과 음료에는 수분이 포함되어 있습니다. 식사나 음료를 통해 우리 몸은 수분을 얻을 수 있어요. 예를 들면, 물, 주스, 우유, 차 등이 있습니다.
> - **대기 중의 수분**: 공기에는 수분이 존재합니다. 우리 몸은 숨을 쉬면서 대기 중의 수분을 흡수합니다. 특히 습도가 높은 환경이라면 더 많은 수분을 얻을 수 있습니다.
> - **신진대사**: 신진대사는 우리 몸이 음식을 분해하고 에너지를 생산하는 과정입니다. 이 과정에서 수분이 생성되는데, 이것은 우리 몸의 수분 공급원 중 하나입니다.
> - **대변과 땀**: 우리 몸은 대변과 땀을 통해 수분을 제거합니다. 소화 과정에서 생성되는 노폐물은 대변으로 배설되고, 운동이나 열을 통해 발생하는 땀은 물을 함유하고 있습니다.

[표1-3] 챗GPT에서 질문에 대한 답변 생성 프롬프트와 그 답변 예시 3

다. 오픈AI API 질문 활용 예시

(1) **직업별** 질문 리스트 만들기

① 구글 시트에 아래와 같이 A1:E2의 내용을 작성하고, A3에 GPT 함수를 입력합니다.

	A	B	C	D	E
1	역할	대상(수준)	주제	형식	분량
2	전문 진로 상담 교사	초등학교 5학년 ▼	아나운서	질문 리스트	5 ▼
3	=gpt(A1:E2)				

[그림1-5] 오픈AI API를 활용하여 구글 시트에서 GPT 함수를 입력한 예시

	A	B	C	D	E
1	역할	대상(수준)	주제	형식	분량
2	전문 진로 상담 교사	초등학교 5학년 ▼	아나운서	질문 리스트	5 ▼
3	1 아나운서가 되기 위해서는 어떤 능력이 필요한가요? 2 아나운서의 일상적인 업무는 어떤 것이 있나요? 3 아나운서가 일하는 방송국에서는 어떤 사람들이 일하나요? 4 아나운서가 일하는 방송국에서는 어떤 기술이 사용되나요? 5 아나운서가 일하는 방송국에서는 어떤 도구와 장비가 사용되나요??				

[그림1-6] GPT 함수를 활용한 진로 관련 질문 리스트 결괏값 예시

② C2의 텍스트(직업)를 변경하면 이에 맞게 결괏값이 달라집니다.

요리사	1 요리사가 되기 위해서는 어떤 노력이 필요할까요? 2 요리사의 일상적인 업무는 어떤 것이 있을까요? 3 요리사가 가지고 있어야 할 능력과 성격은 무엇일까요? 4 요리사로 일하면서 어떤 장점과 단점이 있을까요? 5 요리사로 진로를 선택하게 된다면, 어떤 교육과 경험이 필요할까요?

[그림1-7] GPT 함수를 활용하여 주제(직업)를 변경한 진로 관련 결괏값 예시

(2) 진로 관련 **주제별** 질문 리스트 만들기

① (1)번 예시와 같이 GPT 함수를 대상(수준), 진로 관련 주제를 변경하며 활용하여 여러 주제와 관련된 질문을

추출합니다.

역할	대상(수준)	주제	형식	분량
전문 진로 상담 교사	초등학교 5학년 ▼	꿈 ▼	질문 ▼	5 ▼

1. 꿈이 무엇인가요?
2. 당신은 어떤 꿈을 가지고 있나요?
3. 그 꿈을 이루기 위해 어떤 노력을 하고 있나요?
4. 꿈을 이루기 위해 필요한 능력이나 자질은 무엇인가요?
5. 꿈을 이루기 위해 어떤 도움을 받을 수 있나요?

역할	대상(수준)	주제	형식	분량
전문 진로 상담 교사	고등학교 1학년 ▼	대학 진학 ▼	질문 ▼	5 ▼

1. 대학 진학을 위해 어떤 노력을 해야 할까요?
2. 어떤 대학을 가야 할까요? 전공 선택은 어떻게 해야 할까요?
3. 대학 입시에서 중요한 것은 무엇인가요? 성적, 자격증, 봉사활동 등
4. 대학 생활에서 어떤 경험을 쌓아야 할까요? 동아리, 대외활동, 인턴십 등
5. 대학 졸업 후에는 어떤 진로를 선택해야 할까요? 취업, 대학원 진학, 창업 등

[그림1-8] GPT 함수를 활용하여 대상과 주제를 변경한 진로 관련 결괏값 예시

(3) <u>호기심</u>을 느낄 만한 질문 리스트 만들기

구글 시트에 아래와 같이 A1에 프롬프트를 작성하고, A2에 GPT_LIST 함수를 입력합니다.

	A
1	초등학교 5학년이 호기심을 느낄만한 질문 10개를 해줘.
2	=GPT_LIST(A1)

[그림1-9] 오픈AI API를 활용하여 구글 시트에서 GPT_LIST 함수를 입력한 예시

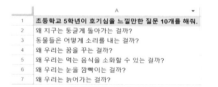

	A ▼
1	초등학교 5학년이 호기심을 느낄만한 질문 10개를 해줘.
2	왜 지구는 둥글게 돌아가는 걸까?
3	동물들은 어떻게 소리를 내는 걸까?
4	왜 우리는 꿈을 꾸는 걸까?
5	왜 우리는 먹는 음식을 소화할 수 있는 걸까?
6	왜 우리는 눈을 깜빡이는 걸까?
7	왜 우리는 늙어가는 걸까?

[그림1-10] GPT_LIST 함수를 활용하여 각 셀에 표시된 결괏값 예시

이렇게 "초등학교 5학년이 호기심을 느낄만한 질문 10개를 해줘."라는 간단한 프롬프트와 GPT_LIST 함수를 활용하

면 어른들도 호기심을 느낄만한 질문이 나열됩니다.

(4) 질문에 이어지는 질문 만들기

앞에서 생성된 질문 중, 하나의 질문을 활용하여 다음과 같이 질문에 이어지는 질문 만들기 활동으로 진행해 보았습니다.

① 구글 시트에 아래와 같이 B2에 GPT 함수[=GPT(" 초등학교 5학년이 깊이 탐구할 수 있도록 연결되는 질문을 한 개 알려줘.",B1)]를 입력합니다.

B2	▼	fx	=GPT("초등학교 5학년이 깊이 탐구할 수 있도록 연결되는 질문을 한 개 알려줘.",B1)

	A	B
1	기본 질문	왜 우리는 눈을 깜빡이는 걸까?
2	추가 질문 1	우리가 눈을 깜빡이는 이유는 무엇일까요?
3	추가 질문 2	눈을 깜빡이는 것이 왜 필요한 걸까요? 눈을 깜빡이는 동안 무슨 일이 일어나는 걸까요?
4	추가 질문 3	눈을 깜빡이는 것이 왜 필요한지, 눈을 깜빡이는 동안 무슨 일이 일어나는지 알아보면서 눈의 구조와 기능에 대해 깊이 탐구해보세요.
5	추가 질문 4	눈을 깜빡이는 것 외에도 눈은 어떤 기능을 가지고 있을까요? 눈이 빛을 어떻게 받아들이고, 뇌에서 어떻게 처리되는지 알아보세요. 또한, 눈이 감기면 어떤 일이 일어나는지, 눈 건강을 유지하기 위해 어떤 습관을 가져야 하는지도 함께 탐구해보세요.
6	추가 질문 5	눈이 빛을 어떻게 받아들이고, 뇌에서 어떻게 처리되는지 알아보는 것 외에도, 눈이 감기면 어떤 일이 일어나는지, 눈 건강을 유지하기 위해 어떤 습관을 가져야 하는지 등 눈과 관련된 다양한 질문이 있을 수 있습니다. 이 중에서도, 눈 건강을 유지하기 위해 어떤 습관을 가져야 하는지에 대한 질문은 초등학교 5학년이 깊이 탐구할 수 있는 좋은 주제입니다. 눈 건강을 유지하기 위해 필요한 습관들을 조사하고, 그 중에서도 어떤 습관이 가장 중요한지, 그리고 그 이유는 무엇인지 등을 탐구해보면 좋을 것입니다.

[그림1-11] 구글 시트에서 자연어를 이용한 GPT 함수를 입력한 예시

② B2 셀을 선택 후, B2 셀의 우측 하단에 마우스 커서를 올려두면 커서 모양이 십자가(+) 모양(채우기 핸들)이 됩니다. 이것을 아래로 드래그하여 표의 내용을 완성합니다.

4. 문해력 향상을 위한 생성형 AI의 활용

가. 미래형 교육과정의 발목을 잡는 문해력 문제

"심심한 사과" 문해력 논란…국민 5명 중 1명, 한글 읽어도 모른다?[10]는 제목의 기사와 같은 현실 속에서, 우리는 '학생이 무엇을 아는가?' 보다는 알고 있는 것을 기초로 '무엇을 실제로 할 수 있는가?'에 초점을 둔 역량을 강조하는 미래 교육[11]이라는 이상을 좇고 있습니다. 과연 제대로 알지 못하고 이해하지 못했는데, 무엇을 실제로 하는 것이 가능할까요?

나. 학생 개별 낱말 사전 만들기와 학습 효과

현재, 전국의 학교에서는 문해력 향상이라는 난제를 해결하기 위해 다양한 방법을 모색하고 있습니다. 저도 학생 문해력 향상을 위해 낱말을 검색하고 구글 시트에 정리하도록 한 후, 이를 학생들이 스스로 퀴즈나 퍼즐로 만들어 보게 하는 방법을 사용하고 있습니다. 그러나 검색창에서 낱말을 찾아 뜻을 복사하는 방식은 공책에 정리하는 것보다 편리하지만, 많은 시간이 소요되며 효율적인 학습 방법은 아닙니다.

---

10) ""국자와 효자손은 달라"…AI 튜터에는 '상호작용' 없다", 뉴스핌, 2023.04.08., www.newspim.com/news/view/20230407000860(접속일자:2023.05.15.).
11) <국민과 함께하는 미래형 교육과정 추진 계획(안)> (교육부, 2021), 13쪽.

	A	B
1	**낱말**	**뜻**
2	**성미**	성질, 마음씨, 비위, 버릇 따위를 통틀어 이르는 말
3	**사례**	어떤 일이 전에 실제로 일어난 예
4	**충족**	일정한 분량을 채워 모자람이 없게 함
5	**원리**	사물의 근본이 되는 이치

[그림1-12] 하루 10개씩 정리하고 있는 낱말 정리 구글 시트 예시

하지만 생성형 AI를 활용하면 학생들은 훨씬 더 효율적
으로 낱말을 학습할 수 있습니다.

다. 자동 생성 낱말 학습 방법

	B	C
1	**14살 학생들이 잘 모르는 한글 낱말 5개(중간 난이도)**	
2	**낱말**	**가장 많이 활용되는 뜻(두 가지)**
3	1	=GPT_TABLE(B1:C1,B2:C2) 중심을 맞추는 것 / 주목하거나 집중하는 것
4	2	휴식	일시적으로 쉬는 것 / 평온하고 조용한 상태
5	3	희생	자신의 이익이나 행복을 포기하는 것 =GPT_TABLE(B1:C1,B2:C2)
6	4	평화	전쟁이나 갈등이 없는 상태 / 조용하
7	5	포기	어떤 것을 포기하거나 버리는 것 / 노력하지 않고 포기하는 것

[그림1-13] GPT_TABLE 함수를 활용한 자동 생성 낱말 학습 템플릿

이와 같은 방식으로, 학생들의 연령대, 학습할 낱말 수,
난이도, 뜻의 수 등을 고려하여 낱말 사전을 생성하고 활용
할 수 있습니다. 이 방법을 통해 매번 학습자의 수준에 맞는
다양한 낱말을 제공할 수 있습니다.

그러나 이러한 방식은 학생들이 주체적으로 자신이 학습
하고자 하는 주제와 범위, 수준 등을 규정하여 학습하기에는
그다지 효율적이지 않습니다.

라. 학생 행위 주체성을 강화한 낱말 학습 방법

	A	B	C	D
1		수준(나이)	10	
2		개수	5	
3		분야(주제)	강아지	
4		종류	기본 어휘 ▼	기본 어휘/ 읽기 어휘/ 전문 어휘 중 택 1
5				
6	번호	낱말	뜻	활용문장
7	=GPT_TABLE($B$1:$C$4,A6:D6) 끼			우리 집에는 강아지 다섯 마리가 있다.
8	2	꼬리	동물의 뒷부분에 있는 물건	강아지의 꼬리가 흔들리고 있다.
9	3	산책	걷기를 즐기는 것	우리는 강아지와 함께 산책을 하고 있다.
10	4	사료	동물에게 먹이로 주는 것	강아지에게 사료를 주었다.
11	5	목줄	개를 돌리기 위해 목에 끼우는 물건	강아지에게 목줄을 끼워주었다.

[그림1-14] GPT_TABLE 함수, 학생 행위 주체성을 강화한 낱말 학습 템플릿

이러한 템플릿은 학습자의 수준(나이), 학습할 낱말의 개수, 분야(주제)와 낱말의 종류를 세분화하여 개인 맞춤형 학습을 지원합니다.

자신의 언어 학습 수준을 고려하여 수준(나이)를 변경하고, 자신이 하루에 학습하길 원하는 낱말의 개수와 지금 관심 있는 분야(주제)를 정합니다. 그리고 기본 어휘, 읽기 어휘, 전문 어휘 중 선택하여 낱말을 생성하여 학습할 수 있습니다.

또한, "다음 낱말과 관련된 사지선다 형식의 퀴즈를 만들어 주세요."와 같은 프롬프트를 활용하여 생성된 퀴즈를 풀고, "다음 낱말을 활용하여 10문장 이내의 일기를 작성해주세요."와 같은 프롬프트를 이용하여 학생들은 낱말이 활용된 다양한 문장을 읽어보며 문해력 향상에 도움을 받을 수 있습니다.

5. 맺음말

첫째, AI 튜터는 주어진 주제에 대한 정보를 찾는 것 보다 정보의 질과 신뢰성을 평가하고, 정보를 효과적으로 조직하고 전달하는 방법을 습득하는 정보 탐색 활동을 도와줍니다.

둘째, AI 튜터는 학생들과 다양한 질문을 주고받으며, 자기 주도적인 학습자로서의 역량을 발전시키고, 해결, 협력, 비판적 사고, 창의적 사고 등의 핵심 능력을 향상할 수 있도록 도와줍니다.

셋째, AI 튜터는 학생들이 자신의 관심사, 학습 수준, 학습 내용 등을 직접 선택하여 개인 맞춤 학습 활동을 주도적으로 하는 그 과정을 지원해주며, 학생의 주체성을 향상해줍니다.

우리가 미래 교육으로 나아가기 위해서는 지식에 집중하기보다 역량에 더욱 집중한 AI 튜터로의 접근이 필요할 것이며, AI의 교육적 활용은 OECD Education 2030과 2022 개정 교육과정에서 목표[12]로 하는 학생 행위 주체성과 변혁적 역량을 함양하기 위한 도구적 관점에서 연구되어야 합니다. 그리고 생성형 AI는 역량에 더욱 집중한 AI 튜터로서 활용될 때, 미래 교육 구현에 매우 큰 역할을 할 것입니다.

---

12) <2022 개정 교육과정 총론 주요 사항(시안)>(교육부, 2021), 2쪽.

AI와 협업하는 학생 주도적 글쓰기 지도법

부용초 교사 윤신영

> AI와 협업하는 학생 주도적 과제수행을 위한 미래형 교수학습 모델을 제안하고, AI와 학생 간의 건강한 협업을 위해 교실에서 활용할 수 있는 글쓰기 지도법을 제시합니다.
>
> - **적용 가능 학년 · 과목: 초등(국어)**
> - **활용 에듀테크: 애스크업(AskUp), 포(Poe), LMS 퍼플렉시티(Perplexity)**

1. 문제의 시작

가. 피드백의 중요성

학생의 교수학습 과정에서 적절한 피드백을 주는 것이 학생의 성장에 도움을 줄 수 있다는 사실에는 의심의 여지가 없습니다. 비고츠키의 근접발달영역(ZPD)와 스캐폴딩 이론[13]의 핵심을 살펴보면 학생의 근접한 발달 가능한 영역에 도달하기 위해 교사가 조력자의 역할로서 적절한 피드백을 제공하고, 이를 통해 학생들은 자기 스스로 문제를 해결하는 방법을 터득하게 됩니다. 이러한 비고츠키의 이론뿐만 아니

---

13) 조규판·주희진·양수민, <교육 심리학>(학지사, 2019), 60-65쪽.

라 다양한 교육학 이론에서는 교사가 제공하는 피드백의 중요성을 역설하고 있습니다.

나. 피드백을 가로막는 현장의 벽

이러한 피드백이 시의적절하게 학생들에게 제공되면 좋겠지만, 여러 이유로 교사는 학생에게 충분한 피드백을 제공하지 못하는 것이 사실입니다. 우선, 교사가 책임져야 할 과밀한 학생 수를 원인으로 꼽아볼 수 있습니다. 통계에 따르면 2022년도 교사 1인당 학생 수는 초등 기준 13.7명, 중등 11.7명, 고등 9.6명으로 조사[14]되었습니다. 수치적으로는 OECD 평균에 근접한 것으로 보이지만 이는 담임교사가 아닌 교사들도 포함된 수치이며, 휴직 교사까지 포함되어 실제 현장을 반영하고 있다고 말하기는 어렵습니다.

또한, 교사는 학생을 가르치는 본질적인 업무 이외에 학교를 원활하게 운영하기 위한 다양한 업무를 나누어 맡고 있습니다. 학교 운영상 불가피한 부분이지만, 교사의 비본질적인 업무가 학생에게 충분한 피드백을 제공할 시간을 빼앗는 주객전도 현상이 일어나기도 합니다.

마지막 이유는 학생의 학습 과정을 교사가 100% 관찰하

---

14) "2022 교육기본통계", <교육통계서비스>, kess.kedi.re.kr(접속일자:2023.4.30.).

고 피드백하기 어렵기 때문입니다. 학생의 학습은 학교에서만 일어나는 것이 아니라 학생의 삶 전반에 걸쳐 일어나는 것임을 고려했을 때, 학생이 학습하는 과정에서 생겨나는 모든 물음에 대해 피드백하는 것은 시공간의 제약으로 인해 불가능하다고 볼 수 있습니다.

2. 연구의 의미

가. AI를 통한 맞춤형 피드백의 가능성

AI는 학생 교사 간 피드백을 주고받는 방식을 혁신적으로 바꿀 수 있습니다. 구체적으로 설명하면 학생들은 학습 과정에서 생겨나는 지식적인 궁금증에 대해 AI에게 물을 수 있고, 또한 AI를 통해 자신의 초기 산출물에 대한 피드백을 받아 더 완성도 높은 산출물을 완성할 수 있습니다. 프롬프트 엔지니어링에 대한 지식이 추가된다면, AI를 통해 학생의 학습 과정과 관련하여 더욱 고차원적인 사고도 유도할 수 있습니다. 물론, 이 과정에서 교사의 전체적인 통제와 가이드 제공은 사전에 이루어져야 합니다.

즉 이전에는 교사가 주도권을 가지고 학생의 산출물에 대해 단반향적인 피드백을 해주었다면, 이제는 학생이 자신의 학습 과정에서 완전한 주도권을 가지고 자신이 원하는 때에 원하는 피드백을 받을 수 있게 되었습니다. 학생이 스스로 궁금한 것에 대한 해답을 찾고 자신의 산출물을 수정할 수 있게 됨에 따라, 교사는 더욱 고차원적인 사고를 유도하기 위한 심층 피드백을 학생들에게 제공할 수 있습니다. 또한, 이전보다 더 유심히 학생을 관찰할 수 있게 되면서, 학습 동기 등 학생의 정서적인 측면까지 관리할 수 있습니다.

나. AI와 협업하는 미래형 교수학습 모델의 제안

[그림2-1] AI 협업 과제수행을 위한 미래형 교수학습 모델

과제수행의 과정에서 AI에게 다양한 질문을 던지고 자신의 산출물에 대한 피드백을 받는 것은 이전에는 없던 혁신적인 학습 방법으로, 이를 활용한 새로운 교수학습 모델을

제안할 수 있습니다. 이러한 미래형 교수학습 모델의 핵심은 학생의 '자기 주도성'과 교사의 'AI 협업 과정의 관찰을 통한 적절한 가이드 제공'이라고 할 수 있습니다. 앞의 그림과 함께 미래형 교수학습 모델의 흐름을 정리하면 다음과 같습니다.

(1) 학생들은 학생 주도적 과제수행을 위해서 사전에 과목별로 학습된 챗GPT(ChatGPT) 기반의 챗봇을 이용합니다. 겟코디(Getcody)[15) 서비스와 같이 교과 지도서 혹은 학습 참고자료를 PDF로 학습시켜 학생들에게 더욱 유의미한 피드백을 제공할 수 있습니다.

(2) 일반적인 피드백을 넘어 명확한 기준에 의한 피드백을 챗GPT 기반 챗봇이 제공해야 한다면, 교사는 성취 기준에 따른 루브릭을 챗봇에 사전에 프롬프팅합니다. 포(Poe)[16)와 같은 커스텀 챗봇 서비스를 참고할 수 있습니다.

(3) 학생들은 AI와 협업하여 완성한 과제물뿐만 아니라, AI와 협업한 과정을 드러내는 대화 장면을 함께 첨부하여

---

15) Getcody.ai
16) Poe.com

LMS[17]로 제출합니다. AI와의 대화 과정을 첨부함으로써 교사는 학생이 AI의 답변을 그대로 옮겨 적지 않고 아이디어 생성 혹은 피드백 과정에서만 참고했다는 사실을 알 수 있고, 또한 학생의 프롬프트를 피드백할 수도 있습니다.

(4) 교사는 학생이 AI와 협업하는 과정에서 단계별로 입력할 수 있는 프롬프트를 안내하고, AI와 협업을 하는 단계와 자신의 힘으로 문제를 해결해야 하는 단계를 구별해 주는 가이드라인을 제공합니다. 또한, 다른 교사들과 AI를 활용하는 교육자료와 과목별 루브릭 프롬프트를 공유하며 미래형 교수학습 모델을 확산할 수 있습니다. 마지막으로 학생의 산출물과 AI 협업 과정을 살펴보며 과정 중심 평가를 진행하고, 정성적인 피드백을 제공하는 데 집중합니다.

3. 연구의 내용

가. 애스크업(AskUp): OCR 기능으로 글쓰기 산출물 디지털화하기

학생이 글을 쓰는 수단에는 스마트 기기를 이용하여 디지털 기반의 글을 쓰는 방법과 손글씨로 글을 쓰는 전통적인 방법이

---

17) 학습관리시스템(Learning Management System)

있습니다. 전자는 학생의 글쓰기 산출물을 바로 AI에 입력하여 다양한 피드백을 받을 수 있지만, 후자는 손글씨를 디지털화하는 과정이 필요합니다. OCR 기술은 Optical Character Recognition 의 약자로, 스캔 된 문서나 이미지에 있는 문자를 컴퓨터가 인식하고 텍스트 데이터로 변환하는 과정이라고 할 수 있습니다. 본 파트에서는 애스크업을 이용하여 손글씨를 디지털로 변환했습니다.

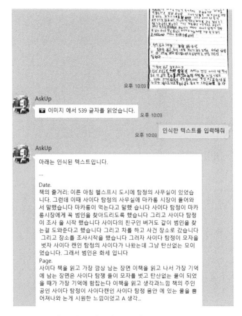

[그림2-2] 애스크업 OCR기능

우선, 카카오톡 앱에서 애스크업을 채널 추가하면 별도의 가입 절차 없이 바로 서비스를 이용할 수 있습니다. 일반적인 카톡 대화처럼 학생의 글을 사진 찍어 첨부하고, 애스크업에게 '인식한 텍스트를 출력해 줘'라고 명령하면 OCR 기능을 통해 인식한 텍스트를 출력해 줍니다. 특히, 애스크업은 책 GPT 기반의 서비스이기 때문에 텍스트 인식 후 바로 텍스트에 대한 질문을 할 수도 있고, 텍스트와 상관없이 다양한 주제 관련한 대화를 나눌 수 있습니다.

나. 포(Poe): 루브릭 프롬프트가 입력된 커스텀 챗봇으로 성취 기준에 따른 피드백 제공하기

학생들이 자기 주도적으로 과제를 수행하는 과정에서 교사가 원하는 방향으로 챗봇이 피드백하게 하려면 루브릭[18]에 따라 학생에게 피드백을 주도록 챗봇을 세팅할 필요가 있습니다. 포는 단순 대화형 AI의 기능에서 한 걸음 더 나아가, 사용자의 의도에 맞게 프롬프팅이 가능한 커스텀 챗봇 기능을 제공합니다.

---

18) 학생의 활동을 질적으로 평가하는 틀

자신의 설명하는 글을 붙여 넣으세요 (동물원의 문제)

> 동물원의 문제점은 동물원에 있는 동물들의 권리가 보호되지 않기
> 때문입니다. 예를 들어 관람객들의 먹이체험을 위해 사료를 적게 준
> 다던지, 공연을 위해 동물을 학대하는 경우도 있습니다.
> 이를 해결하기 위해 동물들의 권리를 잘 보호할 수 있도록 수시로
> 감시할 수 있는 법을 만들어야 합니다. 이 법에 따라서 학대를 당하
> 는 동물은 없는지 만일 동물 학대를 하는 동물원은 운영을 정지하는
> 등의 벌칙을 생각해볼 수 있습니다.

안녕하세요! 저는 작문 전문 컨설턴트인 ChatGPT입니다. 당신의 글
은 루브릭 기준에 따라서 "보통" 수준으로 평가됩니다. 동물원의 문
제를 대략적으로 이해하고 이를 해결하기 위해 수단을 제시하였지
만, 구체적인 방법을 1가지만 제시하였기 때문입니다.

더 나은 주장을 위해선, 동물원에서 발생하는 여러 문제들을 구체적
으로 파악하고 이를 해결하기 위한 방법들을 여러 가지 제시할 필요
가 있습니다. 예를 들어, 동물원에서 발생하는 문제들 중 하나인 동
물들의 건강 문제를 해결하기 위해 동물원 내부에 수의사와 수의사
대학생을 상주시키는 방법이나, 관람객들이 동물들을 더 가까이 볼
수 있도록 방문객 수를 제한하고, 그 대신 동물들의 먹이와 생활환
경을 더 개선하는 방법 등 여러 가지 방안을 고려해 볼 수 있습니다.

그러나 초등학생이 이해하기 쉬운 말로 설명하려면, 동물원에서
발생하는 여러 문제점들을 구체적으로 파악하고, 이를 해결하기 위
한 다양한 방법들을 생각해보는 것이 중요합니다. 이렇게 해서 동물
들이 건강하게 살고, 관람객들도 즐겁게 동물원을 방문할 수 있는
환경을 만들어 나가는 것이 필요합니다.

[그림2-3] 포 커스텀 챗봇

(1) 포 챗봇 만들고 루브릭 프롬프트 입력하기

포에 가입하여 'Create chatbot'으로 나만의 챗봇을 생성
합니다. 챗봇의 이름과 설명을 입력하고 'Prompt' 항목에
성취 기준에 따른 루브릭과 어떻게 피드백할지에 대한 자세
한 명령을 입력합니다. (표2-1 루브릭 프롬프트 예시 참고)

(2) 커스텀 챗봇에 학생 자신의 글쓰기 산출물 입력하기

학생은 OCR 기능으로 출력한 글쓰기 산출물을 챗봇에
넣어보고, 피드백을 확인합니다. 이를 바탕으로 자신의 글을

보완하고, 다시 챗봇에게 피드백 받을 수 있습니다. 학생이 제출한 과제물과 챗봇 대화 내용을 바탕으로 교사는 챗봇 프롬프트를 수정하여 더 나은 피드백을 제공할 수 있습니다.

너는 작문 전문 컨설턴트야. 학생의 주장하는 글을 보고 다음 루브릭에 의해서 글의 내용을 평가해 줘. 루브릭은 매우 잘함(동물원의 문제를 잘 이해하고 이를 해결하기 위해 실천할 수 있는 방법을 2가지 이상 구체적으로 설명함), 보통(동물원의 문제를 대략적으로 이해하고 이를 해결하기 위해 실천할 수 있는 방법을 1가지를 설명함), 노력 요함(동물원의 문제를 대략적으로 이해하고 이를 해결하기 위해 실천할 수 있는 방법을 잘 설명하지 못함)이야. 루브릭에 따라 학생이 더 좋은 주장하는 글을 쓰기 위한 방법을 초등학생이 이해하기 쉬운 말로 피드백해 주고, 마지막에는 격려해 주는 말도 꼭 넣어줘.

[표2-1] 주장하는 글 피드백을 위한 루브릭 프롬프트 입력의 예시

챗봇: 자신의 주장하는 글을 붙여넣으세요

학생: 동물원의 문제점은 그 안에 있는 동물들의 권리가 보호되지 않기 때문입니다. 예를 들어 관람객들의 먹이 체험을 위해 사료를 적게 준다든지, 공연을 위해 동물을 학대하는 경우도 있습니다. 이를 해결하기 위해 동물들의 권리를 잘 보호할 수 있도록 수시로 감시할 수 있는 법을 만들어야 합니다. 이 법에 따라서 학대를 당하는 동물은 없는지 만일 동물 학대를 하는 동물원은 운영을 정지하는 등 벌칙을 생각해 볼 수 있습니다.

챗봇: 안녕하세요! 저는 작문 전문 컨설턴트인 챗GPT입니다. 당신의 글은 루브릭 기준에 따라서 "보통" 수준으로 평가됩니다. 동물원의 문제를 대략적으로 이해하고 이를 해결하기 위해 수단을 제시하였지만, 구체적인 방법을 1가지만 제시하였기 때문입니다. 더 나은 주장을 위해선, 동물원에서 발생하는 여러 문제를 구체적으로 파악하고 이를 해결하기 위한 방법들을 여러 가지 제시할 필요가 있습니다. 예를 들어, 동물원에서 발생하는 문제 중 하나인 동물들의 건강 문제를 해결하기 위해 동물원 내부에 수의사와 수의사 대학생을 상주시키는 방법이나, 관람객들이 동물들을 더 가까이 볼 수 있도록 방문객 수를 제한하고, 그 대신 동물들의 먹이와 생활환경을 더 개선하는 방법 등 여러 가지 방안을 고려해 볼 수 있습니다.

마지막으로, 당신의 노력과 열정에 박수를 보내드리며, 계속해서 더 나은 글을 쓸 수 있도록 격려하고 응원합니다!

[표2-2] 포 챗봇 활용 학생 산출물 피드백 장면

다. 퍼플렉시티(Perplexity): 팩트 기반의 글쓰기 피드백을 위한 출처 제시 AI 서비스 활용하기

대화형 AI는 질문에 대해 대체로 정확한 답변을 제시하지만, 데이터가 확보되지 않은 내용에 대해서는 그럴듯하게 내용을 지어내는 특징을 지니고 있습니다. 창의적이고 자유로운 상상력이 중요시되는 글쓰기가 아닌, 정확한 내용을 바탕으로 글을 써야 하는 논설문이나 설명하는 글을 쓸 때는 내용의 정확성이 담보되지 않는 AI를 학생이 무분별하게 이용할 경우 큰 혼란을 겪을 수 있습니다. 이럴 때는 AI가 답변할 때마다 답변의 출처를 밝혀주는 퍼플렉시티 서비스를 이용하면 좋습니다.

두 가지 AI 서비스에 '동물원에서 일어나는 동물 학대의 실제 사례를 알려줘'의 동일한 질문을 해보았습니다.

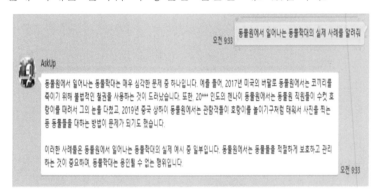

[그림2-4] 같은 질문에 대한 챗봇의 다른 답변 비교

위의 애스크업의 답변은 정말 실제 사례인지 AI가 그럴 듯하게 지어낸 이야기인지 확인할 수 없습니다. 이와 반대로 아래의 퍼플렉시티는 질문에 대한 답변뿐만 아니라, 그 답변이 어떤 출처를 인용하였는지를 링크의 형태로 제시하고 있습니다. 신문 기사뿐만 아니라, 통계 자료와 같은 수치 자료도 출처를 밝히며 안내합니다.

물론 학생들이 그 링크에 들어가서 사실관계를 이중 확인하는 과정은 꼭 필요하겠지만, 정확한 근거를 기반으로 글을 작성하여야 하는 설명문이나 논설문을 작성할 때 퍼플렉시티는 학생들이 유의미한 피드백을 받을 수 있는 좋은 도구가 될 수 있습니다.

라. AI 협업 자기 주도적 글쓰기 과제를 지원하기 위한 학생용 가이드 제공하기

(1) AI 협업 글쓰기 가이드 제공의 필요성

AI와 협업하여 자기 주도적 과제를 수행하기 위한 도구를 마련했다고 해서 학생들이 적절하게 기술을 활용할 수 있는 것은 아닙니다. 교사의 적절한 안내가 없이 AI 도구만 학생들에게 제공하면 몇 가지 부정적인 상황을 맞이할 수 있습니다.

첫째, AI 도구를 사용하는 본래 목적을 잊게 됩니다. 학생들은 무엇이든지 답을 해주는 AI 도구를 이용하여 과제와 관련된 깊이 있는 질문을 던지기보다 흥미 위주의 질문을 더 많이 하는 경향이 있습니다. 처음 AI 도구를 소개할 때 흥미 위주의 질문을 체험해 볼 수 있겠지만, 교사의 적절한 안내를 통하여 학습의 보조도구로 사용하기 위한 본래의 목적을 상기시켜야 합니다.

둘째, AI 도구에 모든 사고 과정을 잠식당하게 됩니다. AI 도구는 철저하게 학습을 위한 보조도구로 활용되어야 합니다. 특히 뇌의 모든 영역이 폭발적으로 성장하는 학생의 시기에 자기 스스로 고뇌하며 글을 짜내는 과정은 사고력 성장의 차원에서 꼭 필요합니다. 챗GPT 기반 AI 도구는 언

어모델로서 글을 써내는 능력이 탁월하여, 제공해 주는 답변 자체를 그대로 복사하여 과제에 사용하고자 하는 욕구를 불러일으킵니다. <u>따라서, 교사는 글쓰기 과정에서 AI와 협업이 가능한 영역과 AI의 도움 없이 스스로 해내야만 하는 영역을 엄격하게 분리하여 안내해야 합니다.</u>

(2) AI 협업 글쓰기 가이드 제공의 실제

가이드에 꼭 들어가야 하는 내용에는 우선 글쓰기 단계별로 사용 가능한 서비스에 대한 안내와 AI에게 입력할 수 있는 프롬프트, 해당 단계의 AI 협업 수준에 대한 안내가 들어가야 합니다. AI 협업 글쓰기 가이드는 슬라이드19)의 형태로 학생들에게 보조 자료로 제공되는 것이 좋습니다.

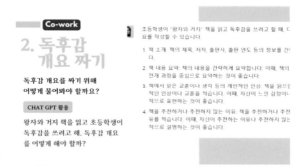

[그림2-5] AI 협업 글쓰기 가이드 슬라이드 예시

---

19) AI 협업 글쓰기 가이드 슬라이드 예시: Kutt.it/guideline

단계	설명	협업 수준	프롬프트	AI 도구
1. 책 읽기	궁금한 것을 물어가며 책 읽기	Co-work (협업 가능)	'왕궁' 단어를 초등학생이 이해하기 쉬운 단어로 설명해줘.	애스크업
2. 독후감 개요 짜기	독후감을 쓰기 위한 개요를 작성하기	Co-work (협업 가능)	왕자와 거지 책을 읽고 독후감을 쓰려고 해. 독후감 개요를 어떻게 해야 할까?	
3. 줄거리 요약	줄거리 목차를 제안받아 직접 줄거리 요약하기	Co-work (협업 가능)	왕자와 거지 책 줄거리를 요약하려고 목차를 정리해 줄래?	
4. 느낀 점	책을 읽고 느낀 점 쓰기	AI free (협업 불가)		
5. 피드백	평가 기준에 따라 자신의 글을 피드백 받아 수정하기	Co-work (협업 가능)		포

[표2-3] AI 협업 기반 독후감 쓰기 가이드 예시

단계	설명	협업 수준	프롬프트	AI 도구
1. 의견 정하기	배경지식에 따른 의견 정하기	AI free (협업 불가)		
2. 정보 탐색하기	주장에 따른 근거 찾기	Co-work (협업 가능)	초등학생이 '동물원은 없어져야 한다'라는 주장을 하려고 해. 어떤 근거를 들 수 있을지 쉬운 말로 알려줘.	퍼플렉시티
	근거에 따른 뒷받침 자료 찾기		동물원에서 일어나는 동물 학대의 실제 사례를 알려줘.	
3. 주장하는 글쓰기	AI 통해 검색한 근거자료를 바탕으로 스스로 주장하는 글쓰기	AI free (협업 불가)		
4. 피드백	평가 기준에 따라 자신의 글을 피드백 받아 수정하기	Co-work (협업 가능)		포

[표2-4] AI 협업 기반 논설문 쓰기 가이드 예시

단계	설명	협업 수준	프롬프트	AI 도구
1. 설명문 개요 짜기	설명하는 글을 쓰기 위해 설명하려는 대상에 대한 개요 목차를 작성하도록 AI에게 명령하기	Co-work (협업 가능)	초등학생이 유튜버라는 직업에 대해 설명하는 글을 쓰려고 해. 어떤 개요로 글을 써야 할지 목차로 간단히 제안해줘.	애스크업
2. 정보 탐색하기	개요에 따라 설명하려는 대상에 대한 사실 자료를 검색하기	Co-work (협업 가능)	유튜버가 되기 위해 필요한 것은 무엇인지 알려줘.	퍼플렉시티
3. 설명하는 글쓰기	설명하려는 대상에 대한 검색 자료를 바탕으로 스스로 글쓰기	AI free (협업 불가)		
4. 피드백	평가 기준에 따라 자신의 글을 피드백 받아 수정하기	Co-work (협업 가능)		포

[표2-5] AI 협업 기반 설명문 쓰기 가이드 예시

단계	설명	협업 수준	프롬프트	AI 도구
1. 브레인스토밍하기	시 쓰기를 위해 시를 쓰고자 하는 주제에 따른 브레인스토밍을 AI에게 명령하기	Co-work (협업 가능)	비 오는 날을 바탕으로 시를 쓰려해. 어떤 내용을 쓰면 좋을지 아이디어를 많이 만들어줘.	애스크업
2. 시 쓰기	AI가 제시한 아이디어 혹은 자신의 아이디어를 바탕으로 스스로 시 작성하기	AI free (협업 불가)		
3. 피드백	평가 기준에 따라 자신의 글을 피드백 받아 수정하기	Co-work (협업 가능)		포

[표2-6] AI 협업 기반 시 쓰기 가이드 예시

4. 연구의 결론

본 파트에서 제안한 미래형 교수학습 모델은 학생들의 과제수행 과정에서 주체성과 적극적인 태도를 키워줄 수 있다는 점에서 궁극적으로 2022 개정 교육과정 총론에서 제시하는 '포용성과 창의성을 가진 주도적인 사람[20]'을 양성하려는 비전을 달성할 수 있는 새로운 교수학습 방법이라고 할 수 있습니다. 다양한 교과목에 AI 기술을 사용할 수 있겠지만 특히 글쓰기 분야에 강점을 보이는 대화형 AI의 특성을 고려하여 학생의 글쓰기 과정에 피드백 받는 툴로 사용한다면 학생들의 문해력 성장에 큰 도움을 줄 수 있을 것입니다. 또한 AI에게 원하는 답변을 얻어내기 위해 다양한 질문을 던져보는 과정에서 수준 높은 질문 능력과 창의성을 키울 수 있습니다.

궁극적으로 학생들이 본 과정을 통해 미래의 AI 기반 산업 현장에서 어떻게 일을 처리하고 비효율적인 과정을 개선할 수 있는지를 체득하여, 미래 사회에서의 경쟁력을 높일 수 있다고 생각합니다.

---

20) 교육부, <2022 개정 교육과정 총론>,(2022).

AI와 함께하는 자기주도학습

송탄초 교사 윤주현

> 자기주도학습을 할 때 경험이 없어 막막한 학생의 능동적이고 적극적인 참여를 끌어내기 위해 구상한 수업입니다. 과학탐구 활동과 프로젝트 활동을 사례로 교사의 지도 시간을 보충하고 학생의 활동을 돕는 AI 튜터를 활용해보고자 합니다.
>
> - **적용 가능 학년 · 과목: 초 · 중등(전과목)**
> - **활용 에듀테크: 챗GPT(ChatGPT)**

1. 문제의 시작

가. 자기주도학습, 그 어려움

배움은 학생이 능동적일 때 활발히 일어나지만, 학생들은 수동적인 태도를 보이고 교사들은 학생들의 적극적인 참여를 이끌기 위해 많은 노력을 기울여야 합니다. 교육자들은 학생들의 능동적인 수업 참여를 이끌기 위해 지속적으로 노력하고 있지만 마음처럼 쉽지는 않은 게 현실입니다.

이미 1995년 5.31 교육개혁안에서 개인의 다양성을 중시하는 교육 방법의 확립을 강조하면서 학생이 중심이 되는 자기주도적 학습 능력의 향상을 이야기했습니다.[21] 이후로

---

21) 21세기 교육 편집부,<5.31 교육개혁안 자료집: 신교육체제 수립을 위한 교육 개혁 방안>,(21세기 교육, 1995)

지금까지도 우리나라 교육의 방향은 학생 중심의 자기주도학습을 지향하고 있습니다. 과학자처럼 탐구하는 과학탐구활동이 교과로 들어왔고, 교과 융합을 통해 스스로 설계하고 배우는 STEAM·프로젝트 수업이 시작된 지도 10여 년이 되었습니다. 하지만 지금도 교사는 학생을 생각하지 않는다고 다 그치고, 경험이 없는 학생은 답답한 마음에 무슨 뜻인지도 모르는 내용을 검색해서 복사해 오곤 합니다.

미래의 교육은 지식 위주의 교육을 벗어나 학생 스스로 설계하고 학습하여 활용하는 교육을 강조하게 될 것입니다. 2022 개정 교육과정에서도 학생들이 학습을 주도적으로 설계하고, 적절한 시기에 학습할 수 있도록 학습자 맞춤형 교육과정 체제를 구축하는 것을 교육과정의 중점으로 두고 있습니다.[22] 이러한 상황에 맞춰 교사들의 교육방식도 변화해야 할 때입니다.

나. 스스로 해 본 아이가 리더가 된다

스탠포드 대학교 부학장 폴 킴은 TV 프로그램에서 스탠포드 대학교는 학생을 선발할 때 세상이 더 나아지게 하는 데 어떤 기여를 했는지 묻는다고 합니다.[23] 얼마만큼의 지식

---

22) <2022 개정 초중등 교육과정 총론>, (교육부, 2022)
23) "공부가 제일 싫었어요, 스탠포드대 부학장이 된 만년 꼴찌 폴킴 자기님", <유튜브 채널 YOU QUIZ ON THE BLOCK EP.167>, youtu.be/fsGYsrSwezo,(접속일자:2023.05.15.).

을 가지고 있는가 보다, 알고 있는 지식을 바탕으로 올바른 가치를 가지고 다양하고 실질적인 활동을 경험했는가를 가장 큰 배움이라고 생각하는 것입니다. 요즘은 세계 각국의 학생들이 적극적으로 NGO 활동 등에 참여하는 것을 흔히 볼 수 있습니다.

하지만 우리나라에서는 여전히 학생들에게 교과서를 통한 공부만 공부이고 학교 안에서의 정형화된 학습만 강요해 왔습니다. 그 결과 학생들은 스스로 계획하고 한계에 부딪혀 보고 한계를 넘어 새로운 경험을 맞이하는 것을 가장 힘들어합니다. 우리나라 학생들이 세계적인 학생들과 어깨를 나란히 하려면 지금부터라도 경험을 통해 스스로 배우는 자기주도학습이 필요합니다.

2. 디지털 시대에서 자기주도학습의 의미

이미 2000년대에 학교에 정보화 시설이 구축되었고, 교육에 온라인 자료 및 미디어들을 사용해 왔지만, 여전히 수업에서 디지털 도구들을 적극적으로 활용하는 것에 대해 우려하고 있습니다. 이러한 상황에서 AI가 개발되었다고 하니 교사들조차도 학생들이 AI에 기대어 더 이상 배우려 하지 않을 것을 걱정하고 있습니다.

디지털 시대가 오면 교사의 역할은 축소되고 학생들은 스스로 공부할 것으로 생각했지만, 코로나19로 온라인 수업을 하면서 우리는 교사의 역할이 더 중요해졌다는 것을 알 수 있었습니다. 미래 교육이 자기주도학습으로 나아갈수록 개별화된 교육의 안내자로서 교사의 역할은 더 커질 것입니다. 뇌과학자 장동선 교수는 AI를 이용한 학습에서는 내가 알고 있는 것을 기반으로 내가 모르는 것을 물어볼 때 가장 좋은 답을 얻을 수 있다고 합니다. AI가 발전하면서 미래의 교육은 지식을 암기하는 교육에서 활용하는 교육으로 발전할 것이라고 합니다.[24] 학교 교육에서도 마찬가지입니다. 학생 스스로 목적이 확실해야 배경지식을 배우고 활동을 설계할 수 있고, 활동을 통해 새로운 경험을 이끌어낼 수 있습니다. 이러한 과정에서 다양한 디지털 도구들이 사용될 수 있고, 자기주도학습의 방향을 지도하고 디지털 시민교육을 하는 교사의 역할이 더 중요해질 것입니다.

3. AI와 함께하는 자기주도학습

자기주도학습능력(self-directed learning ability)은 '학습자가 학습 목표를 설정하고, 학습에 필요한 내부와 외부의

---

24) "챗GPT 이후, 성공 방정식이 뒤집혔다", <유튜브 채널: 세바시 일생질문>, youtu.be/f2eZ5sGdOa, (접속일자:2023.05.15.).

자원을 탐색하며, 적합한 학습 전략을 선택하고, 나타난 학습 결과를 평가하는 데 있어서 스스로 주도권을 가지며 학습에 대한 흥미를 갖고 지속적으로 끈기 있게 학습할 수 있는 능력'을 의미합니다.[25]. 하지만 경험이 적은 학생들이 자기주도학습을 할 때 가장 힘들어하는 것은 막연한 주제를 잡고 과정에 대한 고민 없이 결과만 생각하며 활동하는 것입니다. 머릿속으로는 될 것 같았지만, 과정이 구체적이지 않기 때문에 결과는 생각과 같지 않은 경우가 많습니다. 이러한 결과는 결국 실패의 경험으로 남게 됩니다.

이 장에서는 자기주도학습을 설계하고 진행하여 결과를 찾아내는 과정에서 생성형 AI 챗GPT(ChatGPT)를 활용한 사례를 알아봅니다.

가. 학습의 기본 구조

자기주도학습의 기본 형태는 간단하게 주제 선정, 설계, 실행, 평가의 네 단계로 나눌 수 있습니다. 교사는 수업 시간에 전반적인 안내하고 지속해서 적절한 피드백을 주지만, 학생은 각자의 학습 과정을 처음부터 구성해야 합니다. 이럴 때 학생이 자신의 활동을 하면서 마주하게 되는 어려움을

---

25) Knowles, M. S. Self-directed Learning : A guide for learners and teachers. (New York: Association Press. 1975).

챗GPT를 통해 도움을 받을 수 있습니다. 주제 정하기부터 각 단계마다 나에게 맞는 조언을 해 주는 튜터의 역할을 하게 됩니다.

챗GPT는 하나의 질문에 대해 여러 개의 답변을 주기 때문에 학생은 질문과 선택을 반복하면서 자기만의 학습을 진행하게 됩니다. 팀으로 활동할 때는 반복적으로 서로의 의견을 모아 만들어낸 질문과 제시되는 여러 답변 중 답변을 선택하는 과정에서 미래핵심역량인 문제해결 능력과 의사소통 능력을 기를 수 있습니다.

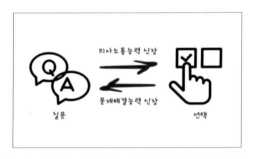

[그림3-1] 질문과 선택의 반복을 통해 미래역량 신장

챗GPT가 질문에 대해 잘못된 답변을 주기도 한다는 단점은 오히려 장점이 될 수도 있습니다. 학생들은 자신이 한 질문을 통해 얻은 답변에 대해 의심하고 직접 확인해야만 하기 때문에 깊이 있는 사고 또한 필요합니다.

(1) 주제 선정하기

챗GPT에게 활동 분야에 대한 주제를 물으면 여러 개의 답변을 간단한 설명과 함께 제시해줍니다. 원하는 내용을 포괄적으로 물어야 다양한 답변을 얻을 수 있고, 두세 번 다른 주제를 요구하면 매번 다른 답변을 섞어서 안내해줍니다. 학생들은 다양하게 제시되는 주제 중에서 관심 있는 것을 고를 수 있기 때문에 막연히 생각해내는 것보다 훨씬 수월하게 주제를 정할 수 있습니다.

(2) 활동 설계하기

활동 설계를 할 때는 챗GPT에게 구체적으로 물어봐야 합니다. 과학탐구활동처럼 기본 구조가 정해진 경우는 자세히 안내해주지만 프로젝트 활동처럼 단계가 명확하지 않은 경우는 원하는 활동을 자세히 넣어 물어보기를 여러 번 반복해야 원하는 결과를 얻을 수 있습니다. 이 과정에서 학생은 자신이 하는 활동에 대해 깊이 생각하게 되고 과정을 확실하게 인식하게 됩니다. 특히 여러 사람이 함께하는 경우는 의사소통이 가장 활발하게 이루어지는 단계입니다.

(3) 활동하기

활동하기 단계에서는 이미 설계된 활동을 직접 실행하는

것이기 때문에 챗GPT의 사용을 최소화해야 합니다. 하지만 활동 과정 중 세부적인 사항에 대해서는 그때그때 챗GPT의 도움을 받을 수 있습니다.

(4) 평가하기

활동을 통해 알게 된 사실, 새롭게 배운 점 등을 확인하는 단계입니다. 이미 알고 있던 지식에 새로운 경험을 더하여 한 단계 더 나아간 학습이 이루어지는 단계입니다. 이때는 챗GPT를 활용할 수 있지만 그 내용이 사실과 다를 수도 있다는 것을 반드시 인지해야 합니다.

나. 과학탐구활동의 사례

(1) 첫 수업은 선생님과 함께

학년을 막론하고 수업 시간에는 과학탐구활동이 성공적으로 이루어지기 어렵기 때문에, 학생들은 낯설고 어려운 느낌을 받습니다. 그래서 선생님의 전반적인 과정에 대한 자세한 안내가 꼭 필요합니다. 이때 과학탐구활동 안내와 더불어 챗GPT를 활용하는 방법 안내합니다. 더불어 저작권법, 디지털 도구를 필요한 용도 이외로 사용하지 않도록 하는 디지털 시민교육을 하는 것은 매우 중요합니다.

(2) 주제 선정하기

학생들이 가장 힘들어하는 것은 주제를 선정하는 것입니다. 과학 시간에 배운 활동은 학생이 스스로 하기에는 너무 어렵게 느껴지고, 집에서는 실험 도구가 없어 실험할 수 없다고 생각하기 때문에 가능한 활동이 머릿속에 떠오르지 않기 때문입니다. 특히 초등학생은 아직 어리고 경험이 적어서 교사가 예를 들어주면 그대로 따라 하는 경우가 다반사입니다. 이럴 때 챗GPT를 활용하면 제시되는 다양한 예를 보고 이 중에서 주제를 고를 수 있습니다. 예를 들어 "초등학생이 집에서 할 수 있는 과학탐구활동을 다양하게 소개해줘"라고 질문을 했습니다. 처음에는 과학의 여러 분야에 해당하는 주제를 보여 주고 화학 분야에서 실험키트를 구매해서 하는 화학 실험을 소개했습니다. 다시 "실험키트 없이도 집에서 할 수 있는 화학 실험을 소개해 줄 수 있니?"라고 질문을 보완하자 집에서 안전하게 실험할 수 있는 예를 다양하게 들어주었습니다.

챗GPT 각 질문에 다섯 가지 실험 주제를 안내해 주고 있습니다. 두 번째 질문에서 실험키트 없이 할 수 있는 화학 실험으로 다섯 가지 실험이 안내되었는데 그중 "팝콘을 이용한 열전달 실험"을 선택했습니다. 이처럼 질문을 계속 바꾸며 내가 원하는 주제를 고를 때까지 질문할 수 있습니다.

> ### 초등학생이 집에서 할 수 있는 과학탐구활동을 다양하게 소개해줘
>
> 초등학생이 집에서 할 수 있는 다양한 과학탐구활동을 소개해 드리겠습니다.
>
> 1. 화학실험 - 화학실험 키트를 구매하거나 일부 화학물질을 구매하여 집에서 간단한 실험을 해볼 수 있습니다. 예를 들어, 산과 염기의 반응, 탄산음료의 발포, 산소와 불의 반응 등을 살펴볼 수 있습니다. 단, 실험 시 부모님의 지도와 감독이 필요합니다.
> 2. 식물 관찰 - 집안이나 마당에 있는 식물을 관찰하며, 식물의 성장과 생태를 살펴볼 수 있습니다. 식물의 생장 과정에서 필요한 물, 태양광 등의 요소들이 무엇인지 알아보고, 식물에 물을 주는 방법 등을 연구해 볼 수 있습니다.
> 3. 생물 탐구 - 주변의 동물, 곤충 등을 관찰하며 생물학적 특성을 살펴볼 수 있습니다. 또한, 집 안에 있는 애완동물을 관찰하며 동물의 행동, 식습관 등을 연구해 볼 수도 있습니다.
> 4. 기계 및 로봇 만들기 - 카드보드, 종이 등으로 간단한 기계나 로봇을 만들어 보는 것도 좋은 방법입니다. 직접 만들면서 원리와 구조를 이해할 수 있으며, 창의적인 아이디어를 적용해 보는 것도 가능합니다.
> 5. 지구과학 탐구 - 우리 주변의 지형, 지형의 변화, 지진 등 지구과학적 현상을 탐구해 볼 수 있습니다. 지구의 내부 구조나 지형학적 변화를 이해하면서 지구 환경에 대해 더 깊이 이해할 수 있습니다.
>
> ### 실험키트 없이도 집에서 할 수 있는 실험을 소개해 줄 수 있니?
>
> 네, 실험키트 없이도 집에서 할 수 있는 실험을 소개해드리겠습니다.
>
> (중략)...
>
> 4. 팝콘을 이용한 열전달 실험 - 팝콘을 전자레인지에 넣고, 몇 초 동안 가열해보면 팝콘이 튀어 오르면서 열전달 현상을 확인할 수 있습니다. 이를 통해 열전달에 대한 이해를 높일 수 있습니다.

[그림3-2] 질문을 바꾸며 주제 정하기의 예시

(3) 실험 설계

학생들이 가장 어렵게 생각하는 것이 실험 설계입니다. 과학 교과서에 나오는 실험은 과정을 이미 제시하고 있어 학생들은 그대로 따라만 하면 되지만, 자신이 정한 주제에 따라 실험 설계를 해야 하는 과학탐구활동은 각자 다른 설계를 해야 합니다.

팝콘을 이용한 열전달 실험에 대한 설계를 해 줄 수 있니?

 네, 팝콘을 이용한 열전달 실험에 대한 실험을 설계해드리겠습니다.

필요한 재료:

- 팝콘
- 전자레인지
- 큰 유리 그릇
- 물

실험 절차:

1. 큰 유리 그릇에 물을 채워줍니다.
2. 팝콘을 전자레인지에 넣습니다.
3. 전자레인지에 30초-1분 정도 가열합니다. (팝콘의 양과 전자레인지의 강도에 따라 가열 시간은 다를 수 있습니다.)
4. 전자레인지에서 팝콘이 튀어오르는 모습을 살펴봅니다.
5. 팝콘이 모두 튀어오르면, 팝콘을 유리 그릇에 넣어줍니다.
6. 유리 그릇 안의 물이 팝콘을 둘러싸면서 열을 흡수하는 과정을 관찰합니다.
7. 팝콘이 물을 흡수하면서 차가워지고, 물은 따뜻해지는 현상을 확인합니다.
8. 실험이 끝난 후, 팝콘을 버리고 유리 그릇을 깨끗이 씻어줍니다.

[그림3-3] 실험 설계하기의 예시

실험 설계를 막연하게 한 경우는 실험 단계에서 실패하게 되기 때문에 구체적인 실험 설계가 중요하지만, 학생들은 어느 정도까지 자세히 해야 하는지 모르는 경우가 많습니다. 챗GPT에게 실험 설계 과정을 물으면 구체적인 안내를 해 줍니다. 이 안내가 내가 생각한 실험에 맞는지 생각해보고 추가 질문으로 다듬을 수 있습니다.

답변이 나오다가 끊기는 경우 "계속 써줘", "이어서 써줘"라고 요구하면 답변이 끝까지 나옵니다.

(4) 실험하기

실험과정은 스스로 해야 합니다. 실험을 통해 얻은 결과가 아니라면 그 실험은 가짜이기 때문입니다. 하지만 실험 설계에 따라 실험하다가 생각처럼 잘 안되는 부분이 생기면 학생들 대부분이 당황하여 실험을 끝까지 마무리하지 못하고 포기하게 됩니다.

실험하는 단계에서 문제가 발생하면 그 특정한 상황에 대하여 챗GPT의 도움을 받을 수 있습니다. 챗GPT는 질문에 대해 하나의 대답을 해주는 것이 아니기 때문에 학생들에게는 주어진 예시 중에 선택을 할 수 있습니다.

팝콘이 차가워지는 것을 어떻게 확인할 수 있니?

 팝콘이 차가워지는 것을 확인하는 방법은 다음과 같습니다.

1. 손으로 만져보기: 팝콘을 물에 담기 전과 담은 후를 비교해보면, 물에 담기 전에는 뜨겁고, 담은 후에는 차가워진 것을 느낄 수 있습니다.
2. 온도계로 측정하기: 실험을 진행하기 전, 팝콘의 초기 온도를 온도계로 측정합니다. 이후 팝콘이 물에 담긴 후 일정 시간이 지난 후, 다시 온도계로 측정해보면, 팝콘이 차가워졌는지 확인할 수 있습니다.
3. 측정기기를 이용하기: 인체 적외선 온도계나, 적외선 열화상 카메라를 이용해 팝콘의 온도를 측정할 수 있습니다. 이 경우, 팝콘이 물에 담기 전과 담은 후의 온도를 비교하여, 차가워진 것을 확인할 수 있습니다.

위의 방법 중에서는 손으로 만져보는 것이 가장 쉽고 간단합니다. 하지만 항상 안전에 유의하여 팝콘에 손을 대기 전, 팝콘과 물이 충분히 차가워진 것을 확인해야 합니다.

[그림3-4] 실험과정에서의 예시

(5) 결과 정리 및 자료 변환

결과를 표로 정리하고 자료를 변환하는 일은 학생이 배

운 내용을 이용해 직접 하는 것이 좋습니다. 챗GPT도 결과를 간단한 표로 정리해 줄 수 있지만 질문하는 과정에서 이미 자신의 실험 결과를 자세히 입력해야 해서 큰 의미가 없습니다. 그보다는 내용에 어울리는 그래프의 종류를 묻는 것처럼 사용할 수 있는 도구에 대해 구체적인 질문을 하는 것이 더 좋습니다. 실험 결과를 그래프로 그릴 수 있는 디지털 도구를 묻는 질문을 할 수도 있습니다.

(6) 결론 도출

여기까지는 학생들이 잘할 수 있지만 이 결과를 보고 결론 도출하는 것은 어려운 일입니다. 이런 경우 아래와 같이 질문해 보고 답변을 얻을 수 있습니다. 이에 대한 답변도 제시된 답 중에서 내 실험 결과에 더 적당한 것을 선택할 수 있습니다.

이 실험을 통해 무엇을 알 수 있니?

이 실험을 통해 아래와 같은 것들을 알 수 있습니다.

1. 열전달: 실험을 통해 열이 어떻게 전달되는지에 대한 이해를 높일 수 있습니다. 이 실험에서는 전자레인지로 가열된 팝콘이 물과 접촉하면서 물로 열이 전달되는 것을 관찰합니다. 이를 통해 열전달의 원리에 대한 이해를 높일 수 있습니다.
2. 열의 흐름: 실험을 통해 열이 항상 높은 온도에서 낮은 온도로 전달되는 것을 알 수 있습니다. 이러한 열의 흐름은 우리 일상에서 매우 중요한 역할을 하고 있으며, 이를 이해하는 것은 열역학에 대한 이해를 높일 수 있습니다.

[그림3-5] 결론 도출에서의 예시

이처럼 과학탐구활동을 하는 동안 반복되는 질문과 선택을 통해서 활동 과정을 구체화할 수 있습니다. 탐구의 주제를 명확히 하고 구체적으로 실험을 설계하며 결과를 정리하여 결론을 찾는 전 과정에서 챗GPT가 튜터의 역할을 해 줄 수 있습니다. 학생도 필요할 때 도움을 요청할 튜터가 있다면 과학탐구활동에 자신감을 갖고 적극적으로 참여할 수 있을 것입니다.

다. 프로젝트 수업의 사례

과학탐구활동이 과학에 한정된 자기주도학습이라면 프로젝트 수업은 모든 과목을 융합한 활동이라고 볼 수 있습니다. 프로젝트 수업도 주제 선정, 활동 설계, 활동, 평가의 단계로 진행합니다. 제일 중요한 것은 교사의 수업에 대한 안내가 우선 진행되어야 하고, 학생이 협력하여 질문과 선택을 반복하면서 원하는 활동을 구성해가는 것입니다. 프로젝트 활동은 팀 또는 그룹으로 진행하는 경우가 많아 서로의 의견을 모아 질문을 만들고, 모두가 합의하여 답변을 선택하는 과정에서 의사소통능력이 향상될 수 있습니다.

(1) 첫 수업은 선생님과 함께

자기주도학습의 학습 과정에 대한 전반적인 내용을 안내

하기 위해 첫 수업은 교사와 하는 것이 좋지만, 특히 프로젝트 학습은 여러 교과와 융합하여 운영되기 때문에 교사와 함께 인권 문제, 환경오염 문제 등으로 미리 대주제를 정하고 시작하는 것이 좋습니다. 여기에서는 첫 시간에 교사와 함께 세계의 다양한 문제들에 대해 토의해 본 후 주제를 선정하기 위해 챗GPT를 이용했습니다.

초등학생이 [더 나은 세상을 만들기 위해]라는 주제로 프로젝트 활동의 예를 알려줄 수 있니?

 네, 더 나은 세상을 위한 초등학생 활동에 대해 몇 가지 예를 드리겠습니다.

1. 쓰레기 줍기: 동네 주변이나 학교 주변을 깨끗하게 유지하는 것은 더 나은 환경을 만들 수 있는 중요한 일입니다. 학생들은 함께 쓰레기를 줍고, 재활용 가능한 물건을 분리수거함으로 옮기는 등의 작업을 할 수 있습니다.

2. 식물 심기: 초등학생들은 가까운 공원이나 학교 근처에 꽃이나 나무를 심어서 더욱 아름다운 환경을 만들 수 있습니다. 식물을 키우는 것은 책임감과 성취감을 높여주며, 환경을 더 나은 방향으로 바꿀 수 있는 작은 기여가 됩니다.

3. 에너지 절약 캠페인: 학생들은 에너지 절약에 관심을 가지고, 등교나 방과 후에는 전등을 끄거나 컴퓨터나 TV를 꺼두는 등의 에너지 절약 활동을 실천할 수 있습니다. 이를 통해 환경보호와 비용 절감에 도움이 됩니다.

4. 동물 보호 활동: 동물을 보호하고 관리하는 것은 더 나은 세상을 만드는 데 중요한 역할을 합니다. 학생들은 지역 동물 보호 단체에서 자원 봉사를 신청하거나, 펫 케어와 같은 동물 관리 프로그램을 주도하여 동물들을 돌보고 보호할 수 있습니다.

5. 친환경 교통 수단 이용: 학생들은 친환경 교통 수단을 이용하면서 더 나은 환경을 만들 수 있습니다. 자전거를 타거나 걷기를 선택하거나, 대중교통을 이용하는 것은 대기 오염과 교통 체증 문제를 해결하는 데 도움이 됩니다.

두 번째 답변

3. 지속 가능한 에너지 활용에 대한 연구

- 재생 가능 에너지 연구: 태양광이나 바람을 이용하는 재생 가능 에너지에 대해 연구해 볼 수 있습니다.
- 쓰레기를 연료로 활용하는 방법 연구: 쓰레기를 에너지로 변환하는 방법에 대해 연구해 볼 수 있습니다.

[그림3-6] 주제 선정의 예시

초등학교 5~6학년 도덕과의 프로젝트 학습을 바탕으로 "초등학생이 [더 나은 세상을 만들기 위해]라는 주제로 프로젝트 활동의 예를 알려줄 수 있니"라고 물었고, 답변은 단순한 활동을 다섯 가지 제시해주었습니다. 이후 환경 프로젝트 관련 이야기를 나눈 후 다시 같은 질문을 하니 아래와 같이 환경과 관련된 프로젝트 활동을 안내해주었습니다. 여러 개의 활동 중 중복되지 않은 예를 추가했습니다.

(2) 활동 계획하기

학생들은 어느 정도 실험과정이 정해져 있는 과학탐구활동에서도 실험 설계를 어려워하기 때문에 프로젝트 활동에서 프로젝트 설계를 챗GPT와 하는 것은 큰 도움이 됩니다.

처음 질문에 초등학생이 한다는 내용이 들어가서 주제는 단순한 것들을 제시해주는 반면에 활동 계획은 세분된 단계에 따라 잘 정리해 줍니다. 큰 주제를 선택하지 않고 프로젝트 과정을 알려달라고 할 때는 단계만 알려주지만, 주제와 함께 과정을 알려달라고 하면 아래 예시와 같이 구체적인 활동과 함께 자세히 알려줍니다. 프로젝트 전반에 대한 설계에 대해 질문하고 받은 답변에 에너지 절약 캠페인 활동이 포함되어 있습니다.

이 수업은 학생이 스스로 계획하고 실행하는 프로젝트야. 주제는 에너지 절약 캠페인으로 해서 캠페인 활동으로 마무리되는 프로젝트 과정을 만들어 줄 수 있니?

 네, 프로젝트 수업 과정을 설계해 드리겠습니다. 아래는 초등학생들이 더 나은 세상을 위해 시작할 수 있는 프로젝트 수업 계획서입니다.

과정 개요

* 제목: 우리 함께 지구를 지켜요!
* 대상: 초등학교 3학년 ~ 6학년
* 목표: 학생들이 더 나은 세상을 위해 쉽고 유용한 방법들을 배우고, 실제로 실행하며, 환경보호에 대한 책임감과 사회적 가치를 인식하도록 한다.

프로젝트 활동 설계	에너지 절약 프로젝트 예시
과정 내용	
1. 선정한 주제의 이해와 인식 - 환경의 영향과 환경보호의 필요성을 배운다. <u>2. 에너지 절약 캠페인 계획</u> - 참여할 활동을 선택하고 직접 계획을 수립하여 실행해 본다. 3. 활동 결과 보고서 작성 - 활동을 실행한 후 결과 보고서를 작성한다. 활동의 목적, 계획, 실행, 결과 및 느낀 점을 작성한다. 4. 발표 및 공유 - 활동 결과를 발표하고 공유하며 활동 과정에서 배운 점, 활동 결과 등을 전달한다. 5. 토론과 피드백 - 다른 학생들의 발표를 듣고, 토론과 피드백을 진행한다. 활동의 중요성, 개선점 등을 함께 논의한다.	1. 에너지 사용량 조사하기 - 학교나 집에서 에너지 사용량 조사 후 대안 제시 - 냉난방 시 에너지 사용량 비교 2. 캠페인 포스터 제작하기 - 에너지 절약에 대한 정보와 권장 사항을 담은 포스터 제작 및 게시 3. 에너지 절약에 대한 인식 캠페인 - 캠페인과 함께 에너지 사용량 기록 및 비교 4. 에너지 절약에 대한 교육 세션 개최하기 - 에너지 사용에 대한 교육
과정 결과	
평가 방법	

[그림3-7] 활동 계획의 예시

그래서 "위 프로젝트에서 학생들이 할 수 있는 캠페인 활동의 예를 들어줄 수 있니?"라고 다시 물었더니 위와 같은 설계해 주었습니다. 답변내용은 알아보기 쉽게 표로 간단히 정리해 보았습니다.

이처럼 프로젝트 활동은 활동 설계를 구체적으로 하는 것이 중요합니다. 이를 위해서는 질문을 다양하게 하는 것도 중요하지만, 앞에서 한 질문의 답변에서 필요한 부분에 대하여 계속 질문을 추가하고 선택하기를 반복해서 원하는 활동을 만들어 갑니다.

(3) 활동하기

프로젝트 설계 후 본격적으로 활동할 때는 챗GPT의 사용을 최소화해야 합니다. 특히 설계한 프로젝트 활동을 실행할 때는 다양한 배움과 학생들이 삶이 연결되어 살아가면서 필요한 지식을 배우게 됩니다. 이 과정에 학생들의 능동적이고 적극적으로 참여할 수 있다면 가능한 한 다양한 방법들을 활용하는 것을 추천합니다. 예를 들어 직접 캠페인 도구를 만들 수도 있지만 캔바(Canva)[26]와 같은 디자인 도구를 활용할 수도 있습니다.

---

26) canva.com

(4) 평가하기

프로젝트 활동 후 가장 중요한 것이 서로 알게 된 점과 느낀 점을 공유하는 것입니다. 활동 후 결과에 대해 충분히 이야기하고, 느낀 점을 공유하는 과정에서 배운 내용을 체득하면서 성취감을 느낄 수 있습니다. 이때는 챗GPT를 직접 사용할 일은 별로 없지만 새롭게 알게 된 내용에 대해 더 알고 싶을 때 챗GPT에게 물어볼 수 있습니다.

라. 생성형 AI 도구의 선택 및 사용

제시된 사례에서는 자기주도학습에서 챗GPT를 사용했지만, 현재 다양한 생성형 AI 들이 계속해서 추가로 나오고 있습니다. 아직은 선발주자인 챗GPT가 다양한 답을 해주고 있지만 마이크로소프트의 빙챗(BingChat)[27]과 구글의 바드(Bard)[28]도 하루가 다르게 챗GPT의 답과 가까워지고 있습니다. 이 도구들은 외국의 도구들이라서 다양하고 창의적인 예를 들어주는 장점이 있지만 우리나라 실정에 맞지 않는 예를 들어주기도 합니다. 챗GPT를 기반으로 한 애스크업(AskUp)[29]의 경우는 우리나라 도구인 만큼 우리나라 교육과정과 학생의 상황에 맞는 안내를 해 줍니다. 하지만 모바

---

27) bing.com/new
28) bard.google.com
29) pf.kakao.com/_BhxkWxj

일 환경이라서 내용이 단순하고 한정적인 예를 반복해서 보여 주는 단점이 있습니다. 어떤 도구가 수업에 더 적합한가를 생각하기보다는 어떤 때에 어떻게 사용하느냐를 고민하는 것이 좋습니다. 특정한 하나의 도구를 고집하기보다는 목적에 맞게 적합한 도구를 선택해서 사용하기를 권장합니다.

4. 결론: 교육의 질은 교사의 질을 넘어설 수 없다.

자기주도학습의 과정은 지속해서 자신에게 질문하고 답을 찾는 과정을 스스로 해야 하지만, 익숙하지 않으면 시작조차 하기 어렵습니다. 중요한 것은 과제의 모든 것을 해 주는 것이 아니라 학생이 스스로 학습하면서 필요한 내용에 대해 지속적인 도움을 받는 형태가 되어야 합니다. 이 과정에서 자기주도학습의 전 과정을 안내하고 AI를 올바르게 활용하도록 이끌어주는 사람이 교사가 되어야 합니다.

5. 생성형 AI 활용 교육의 한계

수업에서 챗GPT를 사용할 때 가장 우려하는 점은 모든 것을 챗GPT에게 맡기는 것입니다. 지금도 과제를 주면 온라인 데이터를 긁어오기 바쁜 학생들에게 복사한 티가 덜 나는 챗GPT는 큰 유혹일 것입니다.

챗GPT는 질문에 따라 답을 해 줍니다. 그래서 어떻게 질문을 하느냐가 매우 중요합니다. 특히 학생들이 자기주도학습 도중 답답하고 급한 마음에 자칫 전체 과정을 요구하는 질문을 할 수 있습니다. 이런 이유로 학계에서도 챗GPT를 논문에서 사용하는 것에 대해 우려를 표하고 있습니다.

6. 제안하는 점

교단 선진화가 이루어진 지 벌써 20년이 넘었고, 디지털 교육이란 말이 사용된 지도 한참 됐습니다. 최근 들어서는 디지털 도구의 발전 속도가 더더욱 빨라지고 있습니다. 학생들은 이미 이런 환경에 익숙해져 있으며 이제 더는 학생들의 세상인 디지털 환경을 외면할 수 없는 시기가 되었습니다. 하지만 학생들의 인지능력이 저하되고 배우려 하기보다 다른 사람의 지식을 쉽게 가져오려고 한다는 교사의 우려도 이미 현실로 나타나고 있습니다.

이러한 문제를 해결할 수 있는 사람은 교사들밖에 없습니다. 학교와 교사들은 AI 시대로 전환하는 시기임을 받아들이고 여기에 맞는 수업을 다양하게 고민할 때입니다. 교육의 본질이 달라질 수는 없겠지만 배우는 과정을 다양화할 때 학생들이 주도적으로 학습하게 될 것입니다.

챗GPT 시대
교육, AI 로 풀다

Ⅱ. 문화를 바꾸다, 아이들의 마음 어루만지기

많은 선생님이 학급당 학생 수를 줄여야 한다고 이야기합니다. 아이들과 대화할 시간을 확보하기 위해, 그리고 아이들을 바라보는 그 순간의 시간에 집중하기 위해서 더 나아가 아이들의 상처받은 마음을 보듬어 주기 위해서 더 많은 시간이 필요하기 때문입니다. 그러나 '학급당 학생 수'에 대해서 지금까지 정부는 경제성의 원리에 따라 정해왔습니다. 교원단체에서 이야기하는 근거 역시도 우리 내부의 기준이 아닌 OECD 평균이라는 외부에 의해 평가해왔습니다. 교육의 시대정신은 이제 맞춤형 학습을 불러왔습니다. 학생 개인의 마음을 살펴보고 아껴주며 개인별로 맞춤형 수업을 할 수 있는 교육 내용, 교육 방법, 교육자료가 필요해진 시점입니다. 이를 위해서는 발전된 기술의 도움이 필수불가결하며 기술에 근거한 대표적인 교육 정책이 AI 디지털교과서와 AI 활용 맞춤형 수업 지원입니다.

여기에서는 하향식의 정책이 아닌 두 명의 교사가 직접 개발하고 진행한 상향식의 현장 중심의 AI 활용 생활지도 사례를 다룹니다. 'AI를 활용한 심리 상담'과 'AI를 활용한 인성교육용 그림책 만들기' 활동을 지금부터 여러분들에게 소개합니다.

AI를 활용한 심리 상담

스트레스와 우울증 등의 정신건강 문제가 급증하면서 심리 상담의 필요성이 증가하고 있습니다. 이와 더불어 AI 상담에 대한 기대도 높아지고 있습니다. 챗GPT, 애스크업, 빙챗을 활용한 상담과 챗독을 통한 개인 맞춤형 상담을 소개합니다. 또한 AI 상담을 활용한 효과적인 학급 운영 방법을 제안합니다.

- **적용 가능 학년: 초 · 중등**
- **활용 에듀테크: 챗GPT(ChatGPT), 애스크업(AskUp), 빙챗(Bing Chat), 챗독(ChatDOC)**

1. 들어가며

"나는 언제나 너와 함께 있을 거야."

위 대사는 마음이 따뜻해지는 애니메이션 영화, 빅 히어로(Big Hero, 2014)에 나오는 베이맥스의 명대사입니다. 베이맥스는 주인공 히로의 힐링 로봇으로, 언제나 주인공 히로의 곁에서 그의 상태를 진단하고, 그에 맞는 적절한 도움을 줍니다. 이제는 이와 같은 진단과 도움을 현실에서 AI로부터 얻을 수 있습니다.

2. AI 상담의 필요성

최근 4년간 우리나라에서 우울증과 불안장애를 겪은 아동과 청소년이 21만 명에 달하는 것으로 나타났습니다.[30] 이는 아동과 청소년의 정신건강 문제에 대한 심각성을 보여줍니다. 이러한 상황에서 상담은 매우 중요한 역할을 합니다. 특히 AI 상담의 도입은 내담자의 정신건강을 지원하는 새로운 대안으로써 많은 기대를 받고 있습니다.

내담자의 입장과 상담을 담당하는 교사의 입장에서 일반 상담과 AI 상담을 비교하여 AI 상담의 필요성을 살펴보려고 합니다. AI 상담에서는 챗GPT(ChatGPT)[31], 애스크업(AskUp)[32], 빙챗(Bing Chat)[33], 챗독(ChatDOC)[34] 등의 AI를 활용합니다.

가. AI 상담: 고민 공유의 안전한 공간

일반 상담을 할 때 내담자는 시간과 장소의 제약과 비용

---

30) "우리 아이들 불쌍해"…우울증.불안장애 아동.청소년 4년간 21만명,<매일경제>, 2023.05.04., naver.me/FU9tnNQV (접속일자: 2023.05.06.).
31) chat.openai.com
32) www.upstage.ai/askup
33) bing.com/new
34) chatdoc.com

의 부담을 걱정합니다. 하지만 AI 상담에서는 내담자가 편안한 시간과 장소를 선택할 수 있습니다. 또한 AI 상담은 일반 상담에 비해 상대적으로 저렴하거나 무료인 경우가 많아 경제적 부담을 줄여 줍니다.

또한 내담자는 자신의 고민을 다른 사람에게 털어놓는 것에 대해 부담을 느낍니다. 자신의 문제를 충분히 이해받지 못하거나 필요한 해결책을 받지 못하는 상황을 걱정합니다. AI 상담은 내담자의 고민을 수용적으로 듣고 공감하며 객관적인 관점에서 조언을 제공합니다.

마지막으로 내담자는 주변 사람들의 평가나 비난을 두려워합니다. AI 상담은 익명성과 기밀성을 제공하여 개인 정보를 보호하고 외부의 평가나 비난에 대한 걱정을 완화시켜 주기 때문에 심리적인 안정과 성장을 돕습니다.

나. 학교 상담의 역량 강화를 위한 AI의 도움과 가능성

학교 폭력 등으로 정서 위기를 겪으면서 심리 상담을 받는 학생이 크게 늘었습니다. 하지만 학교에는 상담 교사뿐 아니라 상담할 공간조차 턱없이 부족합니다. 10개 학교 중 3곳에는 학교 상담실 '위클래스'가 없습니다. 지난해(2022년) 전국 17개 시도교육청의 전문상담교사 배치율은 44.7%로, 순회 교사를 빼면 37.9%까지 떨어집니다.[35]

상담은 상담 교사뿐 아니라 담임교사의 역할이기도 합니다. 그래서 교육청은 담임교사를 대상으로 상담역량 강화 직무연수를 진행하기도 하고,[36] 심리정서지원 가이드북을 개발하고 보급하기도 합니다.[37] 담임교사는 학급 내 심리·정서적 상담에 대한 역량을 향상할 필요가 있습니다.

교사는 기억, 관찰 기록, 지난 상담 기록 등을 바탕으로 상담합니다. 기억에 의존해서 상담할 때는 교사의 기억이 축소, 확대, 왜곡될 수 있다는 문제가 발생합니다. 교사는 문제 상황을 기록하고, 상담 내용을 종합하지만, 학생 수가 많기 때문에 개개인의 특성을 파악하고 이를 자료화하기가 쉽지 않습니다. 하지만 AI 상담은 교사의 관찰 자료, 학생 상호 관찰 자료를 분석하고 종합하여 개별 학생에 대한 유의미한 해결책을 제공합니다.

학교 상담을 위한 이론으로는 정신역동 상담, 개인심리학적 상담, 인간 중심 상담, 행동주의 상담, 인지주의 상담, 형태주의 상담, 의사교류분석 상담, 현실 상담, 해결 중심 단기

35) 상담실이 없어 교사 휴게실에서… 학교 상담 인프라 부족 <EBS뉴스>, 2023.05.19.,news.ebs.co.kr/ebsnews/allView/60351307/N(접속일자: 2023.05.19.).
36) 인천시교육청 위(Wee)센터, 담임교사 상담역량 강화 직무연수<미디어타임즈>,2023.05.19., www.mdtimes.kr/445844(접속일자: 2023.05.19.).
37) "[교육소식]광주시교육청, 심리정서지원 가이드북 개발·보급 등", <NEWSIS>, 2022.12.17., mobile.newsis.com/view.html?ar_id=NISX20221227_0002138231 (접속일자: 2023.05.19.).

상담 등이 있습니다.[38] 교사는 전문 상담사가 아니기 때문에 이러한 상담이론을 전문적으로 적용하기에는 현실적인 어려움이 있습니다. 그러나 AI를 활용하면 다양한 상담이론뿐 아니라 최근 논문 자료, 상담 사례 등을 바탕으로 상담이 가능합니다. 또한 학부모 상담을 할 때도 학생의 문제 상황과 관련된 상담이론과 해결책에 대한 조언을 AI로부터 받을 수 있어서 보다 전문적인 상담을 할 수 있습니다.

3. AI 상담의 실제

가. 내담자를 위한 AI 상담

(1) 일반적 해결책을 찾기 위한 챗GPT와 애스크업, 빙챗의 도움

내담자는 자신과 비슷한 고민을 누군가가 하고 있다는 사실만 알아도 위안을 받습니다. 그리고 자신과 같은 고민을 해결해 준 일반적인 해결책을 궁금해합니다.

챗GPT(◍), 애스크업(◍), 빙챗(ⓑ)을 활용하면 일반적 해결책에 대한 아이디어를 얻을 수 있습니다. AI를 활용할 때는 항상 답변이 맞는지, 이론이 존재하는지, 상황과 적합한지를 확인하는 과정이 필요합니다.

---

38) 조붕환, 임경희, <학교 상담사를 위한 학교 상담의 이론과 실제>(아카데미프레스, 2019).

① 챗GPT

당신은 뇌과학과 인지행동치료의 이중 박사학위를 취득했습니다. 당신의 역할은 초등학생이 발표를 자신 있게 하도록 돕는 것입니다. 다음 이론을 바탕으로 3일 계획을 세웁니다. 자아효능감 이론, 인지 재구조화 이론, 긍정적 강화 이론과 뇌과학이론을 바탕으로, 발표를 어려워하는 사람도 이 계획을 따라 하면 발표를 자신이 있게 할 수 있도록 하는 일별 계획의 개요를 간단히 한 줄로 작성하세요. 그리고 첫날의 일일 계획을 스스로 실천할 수 있도록 구체적으로 써 주세요. 학생은 많이 긴장하고 있는 상황입니다.

일별 계획 개요:
1일: 자아효능감 강화 및 긍정적 강화 이론을 활용한 발표 준비 및 자신감 강화
2일: 인지 재구조화 이론을 활용한 부정적 사고 전환과 발표 연습
3일: 뇌과학이론을 활용한 신체적 안정과 긴장 완화, 발표 자신감 유지
첫날 일일 계획:
발표 주제와 내용에 대해 자세히 이해하기
자신감 강화를 위한 긍정적 자기 대화 실천
발표를 위한 몸 상태 관리를 위해 식사와 수면 패턴 유지하기
발표 연습을 위해 가족이나 친구 앞에서 연습 발표하기
발표 전 자신을 칭찬하고 격려하는 글귀를 쓰고, 발표 전에 다시 읽어보기

[표4-1] 발표할 때 긴장을 줄이기 위한 챗GPT의 질문과 답변

② 애스크업

너는 상담사야. 나는 속마음을 표현해도 친구가 나를 이해해주지 않을 것 같아서 아예 말을 안 하고 싶어.

친구와 대화를 나누는 것이 어려울 수 있습니다. 이때는 다른 방법으로 자신의 감정을 표현해보는 것이 도움이 될 수 있습니다.
예를 들어, 일기를 쓰는 것이나, 그림을 그리는 것, 또는 악기를 연주하는 것 등 자신의 마음을 표현할 수 있는 다양한 방법이 있습니다. 이를 통해 자신이 느끼는 감정을 표현하고, 스트레스를 해소할 수 있을 것입니다.
하지만, 친구와 대화를 나누는 것이 중요한 상황이라면, 상대방이 이해하지 못할 것 같다는 생각을 하기 전에, 자신이 느끼는 감정을 정확하게 전달하려는 노력을 기울이는 것이 좋습니다. 또한, 상대방의 시점에서 자신의 감정을 바라보면서, 서로를 이해하려는 노력을 기울이는 것도 중요합니다.

[표4-2] 속마음 표현을 돕기 위한 애스크업의 질문과 답변

③ 빙챗

아동 심리학을 전공한 상담사의 입장에서 상담을 해 줘. 나는 초등학생인데 해야 하는 일을 계속 미루는 습관이 있어. 그러면서 걱정은 계속해. 어떻게 하면 좋을지 조언을 해 줘. 관련된 상담이론을 써 줘.

안녕하세요. 아동 심리학을 전공한 상담사입니다. (중략)
목표를 구체적으로 설정하고, 그 목표를 달성하기 위한 계획을 세워보세요.

-스스로에게 동기부여를 주는 방법을 찾아보세요.
-스스로에게 보상을 주는 방법을 찾아보세요.
-스스로에게 긍정적인 말을 해 보세요.
이러한 방법들은 초등학생뿐만 아니라 모든 연령대에서 적용 가능합니다. 이러한 방법들은 인지행동치료(Cognitive Behavioral Therapy)에서도 사용되는 방법들입니다. 인지행동 치료는 인간의 사고와 행동 사이의 관계를 중심으로 한 심리치료입니다. 이론적으로, 인지행동치료는 개인의 생각과 행동 패턴을 바꾸어 문제를 해결하는 것입니다.

[표4-3] 미루는 습관을 극복하기 위한 빙챗의 질문과 답변

(2) 개인 맞춤형 해결책을 찾기 위한 챗독의 활용

일반적인 해결 방법은 대부분의 내담자에게 도움이 되지만 모두에게 효과적일 수는 없기 때문에 내담자의 성격과 특성에 맞는 내담자만을 위한 해결책을 제시할 필요가 있습니다. 개인 맞춤형 해결책을 얻기 위해서 개인 자료(일기 등)를 PDF화하여 챗독에 업로드합니다. 그 자료를 바탕으로 심리 변화과정 요약하기, 적절한 상담이론 추천받기, 심리 문제 예상하기, 문제해결 방법 추천받기 등의 활동을 할 수 있습니다. 챗독(📖)에 일기 내용을 PDF로 올리고 상담을 진행한 내용은 다음과 같습니다.

나의 심리 상태의 변화과정을 요약해주고, 미래에 어떤 심리 문제가 예상되는지 찾아줘.

💬이 일기에서는 나의 심리 상태가 다양한 변화과정을 거치고 있다. 초등학교 1학년 때에는 친구들의 놀림에 힘들어하는 모습이 나타나며, 2학년 때는 부모님과 자주 놀러 다니지 못해서 기쁨을 느낄 수 없다는 내용도 포함되어 있다. 3학년 때는 인터넷 게임에 빠져 시간을 보내는 모습도 나타난다. 4학년 때에는 어떤 친구에게 불쾌한 별명을 붙여 싸움까지 일어난다. 5학년 때에는 친구와 영화를 보고 즐기는 일상을 보여줍니다. (중략) 인터넷 게임에 빠져 시간을 보내는 습관이 있는 등 현실과 탈출적인 행동들 사이에 갈등이 생길 수 있습니다. 더불어 친구들과의 관계에서 불안감이나 적응 어려움이 생길 수도 있겠습니다. 문제들을 미리 인지하고 대처하는 것이 중요합니다.

[표4-4] 미래 심리 상태 예상을 위한 챗독의 질문과 답변

너는 상담사야. 내가 좋아하는 것을 바탕으로 내가 교우관계로 우울할 때 추천할 만한 활동과 조언을 알려줘.

💬제가 읽은 글들에서 추천할 만한 활동과 조언은 다음과 같습니다. 우선, 공원이나 시장에서 산책하거나 운동을 하는 것이 좋을 것 같습니다. 또한, 책을 읽거나 동물을 돌보는 것도 좋은 방법입니다. 그리고 가족들이나 친구들과 함께 생일 파티나 놀이공원에 가는 것도 추천합니다. 일기를 쓰는 것도 우울할 때 도움이 될 수 있습니다.

[표4-5] 활동과 조언을 추천하기 위한 챗독의 질문과 답변

너는 심리학 박사학위를 가진 상담사야. 문서를 통해 친구들과의 교우관계를 살펴보고, 자신의 의견을 표현하는 데 어려움을 겪는 나에게 적당한 심리학 이론을 추천하고, 조언을 해 줘.

친구들과의 교우관계를 살펴보니 어려움을 겪는 모습이 나오고 있군요. 이러한 상황에서는 '사회학습이론'이 적절할 것 같습니다. 이 이론은 사회적 상황에서 인간이 어떻게 행동을 배우는지를 설명하며, 동일한 상황에서 다른 행동을 보이는 이유를 이론적으로 분석합니다. 따라서, 다른 친구들이 어떻게 행동하는지 살펴보고 그에 따라 배움으로써 의사소통 능력이 향상되며 자신감도 높아집니다. 또한, 자신의 의견을 표현하는 데 어려움을 겪었다면 '인지행동치료'가 도움이 될 수 있습니다. 이 이론은 마음속 부정적인 생각이나 감정, 행동 패턴을 바꾸어 긍정적인 방향으로 이끌어주는 치료 방법입니다. 자신의 생각이나 감정을 명확하게 이해하고 표현하는 것은 인지행동치료의 핵심이므로, 이를 통해 자신의 의견 표현 능력이 향상될 수 있습니다.

[표4-6] 교우관계 증진을 위한 챗독의 질문과 답변

나. 교사를 위한 AI 상담

(1) 학생에게 일반적 해결책을 제공하기 위한 상담

① 챗GPT

너는 심리학 박사학위를 가진 초등학교 교사야. 실수할까 봐 두려워서 도전하지 않고 회피하는 초등학생을 위한 심리학 이론을 한 가지 연결하고, 학생에게 적절한 조언을 한 가지만 해 줘. 100자로 말해줘.

도전을 회피하는 초등학생을 위한 심리학 이론으로는 "성장 마인드 셋 이론"이 있습니다. 이 이론에 따르면 노력과 실패는 성장과 발전의 기회라고 강조합니다. 조언은 학생에게 실수를 두려워하지 말고 새로운 도전에 도전해보라고 격려하는 것입니다. 실패를 배움의 기회로 받아들이며, 노력과 꾸준함을 통해 성장할 수 있다고 전해주세요. 자신에게 도전하는 자신감을 가지고 노력해보세요.

[표4-7] 도전을 독려하기 위한 챗GPT의 질문과 답변

② 애스크업

너는 초등학교 교사야. 모둠 활동을 할 때 협동하지 않는 학생에게 조언하는 말을 해 줘.

우리 모둠 활동에서는 모든 학생이 함께 협동하여 목표를 달성하는 것이 중요합니다. 당신의 참여와 노력이 필요합니다. 다른 학생들과 함께 의견을 나누고, 서로 도와주며, 함께 일할 때, 더 나은 결과를 얻을 수 있을 거예요. 혼자서 할 때보다, 함께 할 때 더 많은 것을 배우고 성장할 수 있습니다. 함께 협력하여 문제를 해결해 나가는 경험은, 미래에도 큰 도움이 될 것입니다.

[표4-8] 협동을 하도록 하기 위한 애스크업의 질문과 답변

③ 빙챗

심리학 박사학위를 가진 초등학교 교사의 입장에서 다른 사람
의 평가에 예민하여 불안감이 높은 초등학생을 위한 심리학 이
론을 한 가지 연결하고, 해결 방법을 제시해줘.

🅑다른 사람의 평가에 예민하여 불안감이 높은 것은 '사회
불안'이라는 심리학 이론과 연결됩니다. 이를 극복하기 위해서
는 자신의 감정을 인식하고, 그것들을 표현하고, 관리하는 방법
을 배우도록 도와줘야 합니다. 또한 학생들은 자신의 강점과
약점을 인식하고, 자신의 성취를 인식하며, 긍정적인 자기 대화
를 하면서 자신감을 향상시키는 것이 좋습니다.

[표4-9] 불안감을 낮추기 위한 빙챗의 질문과 답변

(2) 학생 개인 맞춤형 해결책을 제공하기 위한 상담

교실에서 챗독을 활용하여 개인 맞춤형 해결책을 제공하
는 상담의 방법을 소개합니다. 교사는 학기 초에 '친구 칭찬
하기' 구글 설문지를 만들어 구글 클래스룸에 올립니다. 설
문 항목에는 내 이름, 칭찬하고 싶은 친구 이름, 칭찬하고
싶은 구체적 상황과 내용 등을 넣습니다. 설문은 학기 초 하
나만 만들고 학기 말까지 매주 또는 격주로 사용합니다. 복
수 응답을 가능하게 하면 여러 명의 친구를 칭찬할 수 있습
니다. 칭찬하고 싶은 상황은 구체적으로 씁니다. 구글 설문지
의 응답을 구글 시트로 받아서 PDF로 저장하여 챗독에 올
립니다. 선생님의 학생 관찰 자료, 학급 신문이나 모둠 일기

등의 자료를 업로드할 수도 있습니다.

다음은 '친구 칭찬하기' 구글 설문지의 응답을 업로드한 후 챗독에서 상담한 내용입니다.

> 장정훈 학생이 학업 스트레스로 기분이 우울할 때 추천할만한 활동이나 조언을 알려줘. 칭찬 내용을 바탕으로 활동과 조언을 알려줘.
>
> 📋 장정훈 학생은 친절하고 성실하며 열정적인 모습으로 칭찬 받았습니다. 그리고 육상과 밴드 활동 등 다양한 분야에서 높은 성과를 내고 있습니다. 그러나 학업 스트레스로 인해 우울해지는 경우도 있을 것입니다. 이때 추천해드릴 활동과 조언은 다음과 같습니다. 운동을 하면서 스트레스를 해소해 보세요. 장정훈 학생은 육상을 잘하며 열정적으로 운동을 하고 있습니다.
> (중략) 친구들과 같이 시간을 보내세요. 장정훈 학생은 친절한 마인드 셋으로 친구들을 대해왔습니다. 그리고 함께하는 시간을 기뻐하며 유쾌한 성격을 가진 것으로 보입니다. 우울한 감정을 느낄 때는 친구들과의 만남을 늘리는 것이 도움이 됩니다.

[표4-10] 활동과 조언을 추천하기 위한 챗독의 질문과 답변

> 박예슬의 부모님과 박예슬에 대하여 학부모 상담을 하려고 해. 문서에 나온 박예슬의 경험과 심리학 이론을 바탕으로 하여 교사의 입장에서 학부모 상담을 하는 글을 써 줘. 학부모가 상담하고 싶은 내용은 박예슬이 다른 친구를 너무 배려해서 자신의 의견을 잘 표현하지 못한다는 점이야. 상담 내용에 맞는 상담 이론을 찾아서 글에 포함시켜줘. 그리고 박예슬의 칭찬 내용도 요약해서 써 줘.

📧안녕하세요, 박예슬의 교사입니다.

박예슬은 자율성과 책임감 있는 모습으로 학급에서 좋은 영향력을 미치고 있는 것 같습니다. 그리고 친절한 성격으로 모든 친구들에게 좋은 인상을 주고 있다는 것도 눈에 띕니다.

그러나 학부모님이 말씀하신 것처럼, 박예슬은 친구들을 너무 배려해서 자신의 의견을 잘 표현하지 못한다는 점이 있습니다. 이에 대한 상담이 필요해 보입니다.

여기서 상담이론으로는 상호작용주의 이론을 추천해 드립니다. 상호작용주의 이론에 따르면 인간의 발달은 타인과의 상호작용을 통해 이루어진다는 것입니다. 따라서 박예슬이 너무 배려하는 것은 친구와의 상호작용에서 오는 것일 수 있습니다. 상담에서는 박예슬에게 자신의 의견을 표현하는 것이 얼마나 소중하고 중요한 것인지, 그리고 자신의 의견을 표현하는 것이 친구와의 상호작용을 더욱 풍부하게 만들어 줄 것이라는 것을 강조해 주시면 좋을 것 같습니다.

[표4-11] 학부모 상담 자료를 위한 챗독의 질문과 답변

너는 초등학교 선생님이야. 김우현의 칭찬 내용을 바탕으로 학기말 종합의견을 쓰려고 해. 5줄 정도로 써 줘.

📧김우현 학생은 성실하고 배려심이 깊으며 친절합니다. 그리고 열정과 책임감이 강하며 질서를 잘 지킵니다. 또한 창의성이 뛰어나고 학습에 끈기를 보이며 학급 분위기를 존중하며 좋게 이끌어 갑니다. 종합적으로 보았을 때 김우현 학생은 모범생이며 예의 바른 모습으로 학급 내외적으로 좋은 영향력을 미칩니다.

[표4-12] 학기말 종합의견을 위한 챗독의 질문과 답변

4. 제안

첫째, 가족 상담을 위한 제안입니다. 부모님이 자녀와 함께 일기를 작성합니다. 일기는 글로 작성하거나, 같이 대화를 나누고 그 음성을 텍스트로 변환하여 누적합니다. 이렇게 모인 자료를 바탕으로 시간의 흐름별로 나와 가족, 주변 사람들의 관계 파악하기, 부모와의 갈등이 깊어진 시점 찾기, 갈등의 원인이 되는 문제 파악하고 해결 방법 찾기, 문제해결을 위한 역할극을 함께 하기 등 여러 가지 활동으로 다양하게 활용할 수 있을 것입니다.

둘째, 개발자를 위한 제안입니다. 개인 정보 보호, 보안을 바탕으로 하는 일기 기반 상담 전용 GPT입니다. 배경, 테마, 타임라인, 사진, 비디오, 오디오, 감정 표현 캐릭터를 일기와 함께 지원하는 GPT를 제안합니다. 또한 안면인식 기술을 접목하여 감정 상태를 자동으로 인식하는 자료가 데이터로 쌓이면 상담에 도움이 될 것입니다.

마지막으로 AI 상담의 활용을 위한 제안입니다. 개인의 자료를 분석하는 데 사용되는 알고리즘은 개인 경험을 정확하게 포착하지 못하면 잘못된 조언으로 이어질 수 있습니다. AI가 인간의 상담을 완벽히 대체할 수 없으므로 AI는 인간 상담을 보완하는 수단으로 사용되어야 합니다.

5. 결론

AI 상담은 상담이론, 최신 논문 등을 포함한 많은 상담 관련 자료를 바탕으로 문제 상황에 적절한 이론을 추천합니다. 챗GPT, 애스크업, 빙챗은 일반적인 해결책을, 챗독은 개인 맞춤형 해결책을 제공합니다. AI 심리 상담을 통해 내담자는 자신의 문제를 해결하고, 교사는 효율적인 학급 운영에 도움을 얻을 수 있습니다.

6. 나가며

원래 빅 히어로의 베이맥스는 치료용 힐링 로봇입니다. 하지만 히로가 베이맥스에게 갑옷을 입히고 전투용 칩을 심으면 다른 모습으로 변하기도 합니다. AI 상담도 어떤 칩을 심느냐에 따라 다르게 사용될 수 있습니다. 칩은 윤리적이어야 하고, 개인 정보 보호의 기본 원칙을 지켜야 하며, 우리 마음속에 있는 따뜻한 배려와 존중을 닮아야 합니다.

"가장 좋은 치료법은 위로와 포옹이야."

베이맥스가 말하듯 인간의 따뜻함을 전달할 수 있는 AI 상담이 되기를 희망합니다. 나를 위로하고 치유해주는 상대방이 소중하듯이 나 또한 누군가를 따뜻하게 안아주고 위로할 수 있기를, AI 상담으로 얻은 위로가 자신뿐 아니라 세상을 향할 수 있기를 희망합니다.

AI를 활용한 인성교육용 그림책 만들기

도이초 교사 장희영

학급의 문제 상황을 그림책으로 만들어 인성교육과 생활지도에 활용하는 방법을 정리하였습니다. 챗GPT를 활용하여 그림책의 줄거리를 만들고 미드저니로 그림책의 삽화를 만듭니다. 북 크리에이터와 캔바로 편집하여 그림책을 완성하면 우리 학급 맞춤형 인성교육이 가능한 그림책이 됩니다.

- **적용 가능 학년: 초등(국어, 도덕, 창체)**
- **활용 에듀테크: 챗GPT(ChatGPT), 미드저니(Midjourney),
  북 크리에이터(Book Creator), 캔바(Canva)**

1. 머리말

교사의 도움과 중재가 필요한 학생들의 문제는 일 년 내내 숨이 벅찰 정도로 많고 그 내용도 다양합니다. 아이들은 저마다 개성 있고 그만큼 저마다 고민도, 겪고 있는 문제들도 각양각색입니다. 매해 비슷한 나이대의 아이들을 만나지만 어쩌면 이렇게도 매번 상황은 처음 경험하는 것들인지, 생활지도는 경력이 무색해질 만큼 해를 거듭해도 어려운 현실입니다.

어른들의 지시는 아이들의 행동을 잠시 정지시킬 뿐 지

속해 변화시킬 수 없습니다. 아이들의 마음을 건드려 스스로 생각하고 느끼게끔 해야 비로소 변하고 지속적인 습관이 됩니다. 그림책은 초등학교 저학년 학생의 마음을 움직이기에에게 적합한 소재입니다. 그림책에는 아동의 삶이 들어 있고 비유적인 그림과 글을 통해 우리의 올바른 삶과 행동을 깨닫게 해줍니다. 또한 그림책을 읽고 나누는 과정에서 각자의 생각과 느낌이 서로 다르다는 것을 발견하며 공동체 역량을 키웁니다.

그런데 현재 우리 반 문제를 해결하기 위해 또는 아이들 마음의 내공을 탄탄히 하기 위해 그림책 활용 교육을 하려면 여러 조건이 맞아야 합니다. 그림책의 내용이 현재 해결해야 하는 우리 반 문제 상황에 맞아야 합니다. 또한, 교사의 취향에도 맞아야 합니다. 취향에 맞아야 가르치는 데 더 큰 동기부여가 되고 아이디어도 더 잘 떠오르기 때문입니다. 하지만 교사가 생각하는 나의 지도 방향과 딱 맞는 내용, 삽화, 결말이 있는 그림책을 찾기란 쉽지 않습니다.

여기에서는 이 부분의 해결을 위해 AI를 활용하고자 합니다. 짧은 시간에 새로운 이야기를 뚝딱 만들어내는 챗GPT(ChatGPT)로 그림책의 줄거리를 만들고, 이미지 생성 AI인 미드저니(Midjourney)[39]로 삽화를 만들어 우리 반의

_____

39) midjourney.com

상황과 문제를 해결하기 위한 그림책을 만듭니다. 이렇게 내가 원하는 목적과 방향으로 현재 우리 반의 문제를 해결할 수 있고 우리 반 아이의 학교생활을 도울 수 있는 그림책을 만듦으로써 나의 철학을 담고 더 나은 아이디어를 넣어 학생 지도를 할 수 있습니다.

2. 그림책 제작 과정

가. 글

(1) 줄거리 생성을 위한 프롬프트

다음 사항을 반영해서 그림책의 내용을 만들어줘.
· 문제 상황: 우리 반에는 친구들의 부탁을 거절하지 못하는 여자아이가 있다. 친구들의 부탁을 거절하는 것에 대해 미안한 감정을 가지기 때문에 거절을 못 하겠다고 한다. 처음에는 친구들의 부탁을 좋은 마음으로 들어주지만, 점점 버거워진다. 싫다고 해도 친구들이 이 여자아이에게만 부탁한다.
· 그림책의 독자: 8살
· 분량: 3~4문단

[표5-1] 그림책 줄거리 생성을 위한 프롬프트 예시

(2) 생성형 AI 비교

이야기의 줄거리를 생성하는 과정에서 챗GPT가 아닌 다른 도구도 같은 질문에 어떻게 답하는지 궁금하여 휴대전화

카카오톡으로 이용할 수 있어 접근이 쉬운 뤼튼(wrtn,)40)과 애스크업(Askup,)41)을 챗GPT()를 비교해 보았습니다. 캐릭터와 에피소드 생성에 대한 내용입니다.

질문: 그림책의 캐릭터를 만들어줘. 조심성이 많고 친구들의 부탁을 거절하지 못하는 특성이 있는 동물 캐릭터를 만들어줘.

좋아요! 어떤 동물을 기반으로 캐릭터를 만들어 드릴까요? 또, 캐릭터의 이름과 외모에 대한 아이디어가 있으신가요?

네! 조심성이 많고 친구들의 부탁을 거절하지 못하는 동물 캐릭터를 만들어 볼게요. 어떤 동물이 적합할까요? 아! 이런 성격을 가진 동물로는 다람쥐가 좋을 것 같아요. 그렇다면, 작은 다람쥐 캐릭터를 만들어 볼게요. 이렇게 어때요?
(업스케치 이미지 생성 베타 이용 중이라 자동으로 캐릭터 이미지를 생성 후 추천해 주었습니다. 그런데 다람쥐 눈이 두 쌍이었습니다.)

이름: 코코
종류: 다람쥐

성격: 조심성이 많고 친구들과 함께하는 것을 좋아하지만, 친구들의 부탁을 거절하지 못하는 성격을 가지고 있습니다. 항상 친구들의 뜻을 이해하려고 노력하지만, 때로는 자신의 의견을 내지 못하는 경우도 있습니다. 친구들과 함께하는 모든 일에서 안전을 우선으로 생각하며, 새로운 경험을 즐기는 것보다는 익숙한 것에 안주하는 경향이 있습니다.

[표5-2] 캐릭터 생성에 대한 질문과 답변내용 예시

---

40) wrtn.ai
41) www.upstage.ai/askup

질문: 이번에는 에피소드를 만들어 보자. 다른 동물 친구들과 어울려 노는 와중에 친구들의 부탁을 거절하지 못해 속상해하는 에피소드를 만들어줘. 배경은 학교야.

유키는 학교에서 친구들과 함께 놀고 있었습니다. 그러던 중, 친구 중 한 명이 "우리 교실 청소 좀 할래?"라고 제안했습니다. 유키는 항상 청소하면서도 자신이 하기 싫은 일을 맡게 되는 것이 불편했습니다. 그래서 친구들과 함께 청소하기로 했는데, 유키는 계속해서 집중하기 어려웠습니다. 청소를 하면서도 자신이 하기 싫은 일을 하고 있다는 생각이 들었기 때문입니다.

그러던 어느 날, 유키는 자신의 속마음을 친구들에게 털어놓고 싶다는 생각이 들었습니다. 그래서 유키는 친구들을 모아서 진지한 얼굴로 이야기를 시작했습니다. "친구들과 함께 놀 때는 항상 즐겁지만, 부탁받으면서도 자신이 하기 싫은 일을 맡게 되는데요.

이렇게 하다 보니 저는 속상해지고, 힘들어지는 것 같아요. 이런 상황이 반복되면서, 친구들과 함께하는 시간도 즐겁지 않게 느껴지기도 해요." 유키는 이렇게 자신의 속마음을 솔직하게 이야기하면서, 친구들의 반응을 기다립니다.

친구들은 유키의 이야기에 깊이 공감하며, 유키를 위해서 함께 다른 방법을 찾아냅니다. "유키가 하기 싫은 일은 다른 친구들이 맡아줄게요. 유키는 청소하는 동안 다른 일을 하면서, 자신만의 방식으로 청소해 보는 건 어때요?" 이렇게 친구들은 유키의 상황을 이해하고, 함께 다른 방법을 찾아내며 유키는 자신의 속마음을 솔직하게 이야기하면서도, 친구들과의 관계를 유지할 수 있게 되었습니다.

다람쥐는 학교에서 친구들과 함께 놀고 있습니다. 그때, 다른 동물 친구들이 자신에게 부탁하면 거절할 수 없다는 것을 깨달았습니다. 예를 들어, 강아지 친구는 축구하자고 제안하고, 고양이 친구는 쇼핑하자고 제안합니다. 하지만 이러한 부탁들이 모두 다람쥐의 취향과는 맞지 않아서 다람쥐는 속상해합니다.

그러던 중, 다람쥐는 자신의 마음과 반대로 행동하는 것이 힘들다는 것을 깨달았습니다. 그러나 다람쥐는 친구들을 상처 주고 싶지 않아 부탁을 거절할 수 없었습니다. 이렇게 계속해서 다른 동물 친구들의 부탁을 받는 상황에서, 다람쥐는 자신이 어떤 것을 좋아하는지에 대해 자문해 봅니다. 그러고 나서 다람쥐는 친구들과 부탁을 받을 때마다 자신이 좋아하는 것을 제안하는 것을 시도합니다. 이렇게 하니, 다른 동물 친구들도 다람쥐의 취향을 고려해 부탁하기 시작했습니다.

이렇게, 자신의 마음과 다르게 행동하는 것이 힘든 상황에서도, 자신이 좋아하는 것을 제안하고 친구들과 함께 즐길 수 있다는 것을 배웠습니다.

(중략) 한참을 고민한 끝에, 코코는 어떤 해결책을 찾았어요. 그녀는 친구들에게 자신의 감정을 솔직하게 털어놓았고, 부탁을 거절할 수 없다는 이유로 자신의 마음을 희생하는 것이 모두에게 해로운 것이라는 것을 설명해 주었어요. 그리고 함께 상황을 생각하며 해결책을 찾아 보자고 제안했죠.

친구들은 코코의 이야기를 듣고 그녀가 얼마나 고민하고 있었는지 알게 되었어요. 함께 대화를 나누며 서로 이해하고 협력해야 한다는 것을 깨달았고, 새로운 아이디어를 제안하며 함께 문제를 해결해 나갔어요.

결국, 코코와 친구들은 함께 협력하여 더 좋은 결과를 얻게 되었고, 코코는 자신의 마음을 솔직하게 표현할 수 있는 용기를 얻었어요. 이제 코코는 자신의 감정을 솔직하게 표현하면서, 친구들과 함께 더 나은 학교생활을 즐기고 있답니다.

[표5-3] 에피소드 생성에 대한 질문과 답변내용 예시

세 가지 도구를 사용해 본 결과, 챗GPT는 프롬프트 내용을 바탕으로 등장인물의 이름, 성격, 에피소드를 단번에 답해주었으나 뤼튼과 애스크업은 나의 아이디어를 되묻는 질문을 주어 이야기의 내용을 정교화할 수 있었습니다. 뤼튼과 애스크업로 이야기 구성에 필요한 아이디어를 다듬었고, 전체 이야기 구성은 챗GPT의 응답으로 완성했습니다. 챗GPT가 생성한 이야기에서는 주인공과 친구들의 양쪽 모두의 입장을 생각해 보게끔 하는 내용을 만들어 이 내용을 기반으로 최종 이야기를 만들었습니다.

(3) 챗GPT를 활용하여 완성한 이야기

AI 챗봇으로 줄거리를 만들어 보니 이야기의 전개가 구상한 것과는 많이 다르게 생성되었습니다. 제시한 문제 상황과 맞지 않거나 우리의 정서와는 다른 이야기들이 생성되었으나, 여러 번의 시도 끝에 생각지 못한 새로운 관점을 찾게 되었고 지도 방향에도 적절한 결말을 찾게 되었습니다.

    사실 이 활동은 초등학교 1학년에 입학한 딸에게서 영감을 얻었습니다. 제 딸은 조심성 많고 감정이 풍부한 아이, 친구의 부탁을 거절하지 못해 힘들어하는 아이, 새로 만난 사람들에게는 감정 표현이 서툰 아이입니다. 전에도 친구들의 부탁을 거절하지 못해 힘들어했고 이를 극복해 가는 과정이 쉽지 않았습니다. 친구들에게 이야기해야 자신의 마음과 감정을 전달할 수 있다는 걸 알지만 초등학교에서 새로 만난 친구들에게 자신의 감정 표현을 어려워했습니다.

    이러한 딸의 상황을 그림책에 담아 거절 못 하는 아이의 아픈 감정과 이를 극복해 내는 과정을 표현하고 싶었습니다. 처음 이야기를 구상할 때 다른 친구들의 생각과 감정에는 초점을 맞추지 못했지만, 챗GPT가 주인공이 아닌 다른 아이들의 생각과 의도에 대해 다시 생각해 볼 수 있도록 도와주었습니다. 마침내 딸이 친구들의 마음을 헤아려 보고 용기 내어 표현하도록 격려해 줄 수 있는 이야기가 완성되었습니다. 특히 어느 한쪽에 치우치지 않고 양쪽의 입장과 이야기를 들어주어야 하는 교사로서는 더없이 좋은 결말의 이야기가 완성되었습니다.

제목	유키의 하루
주인공	친구들과 놀기를 좋아하나 친구들의 부탁을 거절하지 못해 고민인 다람쥐 유키
주요 내용	친구들과 노는 중에 유키가 싫어하는 역할을 자꾸 시켜 유키는 속상해하고 결국 감정이 터지고 만다. 하지만 이것은 오해. 서로 대화로 풀고 사이좋은 친구가 된다.
내용	유키는 숲속 친구들과 놀기를 좋아하는 다람쥐예요. 친구들과 함께할 즐거운 시간을 기대하며 유키는 오늘도 즐겁게 학교에 가요. 숨바꼭질하면서 노는 유키와 친구들. 그런데 오늘도 친구들이 유키에게 술래를 시키네요. 유키도 숨고 싶었지만, 친구들이 하는 부탁을 뿌리칠 수 없었어요. 이번에는 엄마 아빠 놀이를 하기로 했어요. 유키는 아기 역할을 하고 싶었지만, 친구들은 자꾸 엄마를 하래요. 하는 수 없이 유키는 오늘도 엄마가 되어 놀이했어요. 유키는 친구들과 노는 게 재미있지만 자기 이야기를 들어주지 않고 부탁만 하는 친구들 때문에 눈물이 날 것 같았어요. 그래서 유키는 친구들에게 이야기했어요. "나도 숨바꼭질할 때는 문 뒤에 숨고, 엄마 아빠 놀이를 할 때는 아기로 변신해서 놀고 싶어. 그런데 자꾸 너희들이 나에게 다른 것을 시키니까 화가 나고 속상해." 유키의 이야기를 들은 친구들은 깜짝 놀랐어요. 친구 쿠쿠가 말했어요. "유키야, 나도 술래하기 싫어서 네게 부탁한 게 아니야. 네가 술래를 하면 재미있는 목소리와 이야기로 우리를 찾아내니까 숨바꼭질이 더 재미있고 흥미진진해서 술래가 되어 달라고 부탁한 거였어." 로미도 말했어요. "유키야, 네가 아기 역할을 잘해서 부탁한 건데, 기분 나빴다면 미안해. 앞으로는 돌아가면서 하자!"

이야기를 나누고 유키는 친구들의 마음을 알게 되었어요.
"얘들아 나는 그런 줄도 모르고 너희들이 하기 싫어하는 일을 나에게 시키는 건 줄 알았어. 내가 술래를 할 때는 더 재미있는 목소리와 이야기로 찾아주니까 숨바꼭질이 더 재미있고 흥미진진해서 술래가 되어 달라고 부탁한 거였구나. 엄마 역할을 할 때는 내가 엄마 흉내를 잘 내기 때문이었구나. 나는 그런 줄도 모르고… 나의 장점을 봐줘서 고마워!"
그 후 친구들과 함께하는 놀이가 더 즐거워졌어요.
유키는 숨바꼭질할 때는 동료들과 함께 다양한 목소리와 이야기로 찾아주며 숨는 즐거움을 누렸고, 엄마 아빠 놀이를 할 때는 아기 역할을 하지 않고 다양한 역할들을 돌아가며 즐겼어요.
유키는 친구들과 함께 어울리는 시간이 더욱 행복하게 느껴졌어요. 유키는 이제 친구들에게 자기 이야기를 들어주라고 부탁하는 것이 부담스럽지 않았어요. 자신의 마음을 솔직하게 표현하고, 친구들도 서로를 배려하며 놀이를 즐길 수 있었어요. 서로를 이해하고 존중하는 관계가 더욱 강해지면서, 유키와 친구들은 더욱더 행복하게 함께 놀았답니다.
이렇게 유키는 숲속 친구들과의 놀이를 더욱 즐기며, 서로를 이해하고 배려하는 소중한 친구들과의 동화 같은 일상을 만끽하며 성장해 나갔어요. 그리고 유키는 더 많은 새로운 경험을 통해 더욱 놀라운 이야기들을 만들어 나갔답니다.

*초등학생 저학년 학생에게는 다소 어려운 낱말을 포함하고 흐름이 자연스럽지 못한 부분이 있습니다. 이는 그림책 문구 작성 시 적절하게 수정하였습니다.

[표5-4] AI 챗봇과 협업하여 완성한 그림책 내용

나. 그림

(1) 이미지 생성 AI 비교

대표적인 이미지 생성 AI로는 달리 2(DALL-E 2)[42], 미드저니, 스테이블 디퓨전(Stable Diffusion)[43] 등이 있습니다. 세 가지 도구 모두 입력된 텍스트를 기반으로 이미지를 생성하며, 각각의 특징을 간략하게 살펴보겠습니다.

오픈AI사가 만든 달리 2는 유료 서비스입니다. (15$에 115 크레딧) 달리로 생성한 이미지 저작권은 오픈AI에 귀속되지만, 자신이 생성한 이미지를 복제하여 출처를 표시하고 사용할 수 있습니다. 또한 이미지를 업로드하고 합성해 크기를 확장할 수 있는 아웃페인팅 베타 서비스를 제공합니다. 1024*1024픽셀 안에 추가할 이미지에 대한 프롬프트를 지정할 수 있으며 그림자나 반사, 텍스처 등 기존 시각적 요소의 이미지가 반영됩니다.[44]

미드저니는 채팅 애플리케이션인 디스코드(Discode)[45]라는 플랫폼에서 디스코드 봇을 사용하여 이미지를 만듭니다. 우리가 원하는 그림을 표현하는 단어, 문장으로 입력하면 이미지가 생성됩니다. 현재 미드저니는 유료로만 이용할 수 있

---

42) openai.com/product/dall-e-2
43) stablediffusionweb.com/
44) 변문경·박찬·김병석 외, <프롬프트 레볼루션>(다빈치북스, 2023), 38~42쪽.
45) discord.com

으며, 구독 서비스에 가입하고 생성한 이미지는 상업적으로 사용할 수 있습니다. 단 회사의 경우에는 수익에 따라 요금제를 달리해야 상업적으로 이용할 수 있습니다. 미드저니로 생성한 이미지는 저작권이 없어 누구나 사용할 수 있습니다. 만약 포토샵이나 라이트룸 등으로 합성하거나 보정작업 등의 2차 작업을 했다면 저작권이 발생할 수 있음을 보여주는 판례가 미국에서 있었습니다.[46]

미드저니로 이미지를 생성할 때 화풍, 시대사조, 장르, 아티스트, 기법 등에 대한 조예가 있다면 의도에 좀 더 가깝게 프롬프팅(Prompting)할 수 있습니다.[47] 하지만 아티스트 실명 인용, 특정 아티스트의 화풍 인용에 대한 저작권 이슈가 있기 때문에 챗GPT를 활용해 실명을 우회하는 방법이 고려되고 있습니다.[48]

스테이블 디퓨전은 모든 소스 코드를 공개하여 무료로 사용할 수 있는 것이 큰 장점입니다. 스테이블 디퓨전은 컴퓨터 사용 리소스를 대폭 줄여 개인용 컴퓨터에서 동작할

---

46) "AI 창작물 '저작권 분쟁'…재창조되면 보장", <위키리스크한국>, 2023.05.04.,www.wikileaks-kr.org/news/articleView.html?idxno=136349(접속일자: 2023.05.04.). 우리나라 정부도 글로벌 차원에서 나오는 새로운 AI 논의를 반영하면서 구체적인 (규제) 입법을 추진할 것이라 했기에 크게 차이가 없을 것으로 생각됩니다.
47) AI 아트 매거진, <AI 아트 크리에이터 되는 방법 (미드저니 편)>(유페이퍼, 2023), 55~63쪽.
48) "화가 화풍 베낀 AI 이미지…"창작" vs "표절" 갑론을박", <이투데이>, 2023.04.04.,www.etoday.co.kr/news/view/2237418(접속일자: 2023.05.04.).

수 있도록 개발되었습니다. 이미지를 생성하기 위해서는 파이썬이 설치되어야 하고 다양한 라이브러리 설치 후 파이썬 스크립트(명령어)를 조합하여 이미지를 생성합니다. 파이썬 명령어가 익숙하지 않다면 사용하기 어려운 것이 단점입니다. 하지만 UI 프로그램을 이용하면 이미지 생성에 대한 전문적인 지식이 없더라도 손쉽게 이미지를 만들 수 있습니다.[49] 또한 많은 플랫폼에서 스테이블 디퓨전의 API를 적용한 서비스를 운영 중이어서 스테이블 디퓨전 플랫폼이 아니더라도 쉽게 사용할 수 있으며, 대표적인 사이트가 드림스튜디오(DreamStudio)[50]입니다.

| 달리 2 | 미드저니 | 스테이블 디퓨전 |

[표5-5] 앞 세 가지 이미지 생성 AI로 만든 캐릭터 비교

Little shy squirrel dressed in pink, Pixar style

[표5-6] <표5-5> 이미지 생성 프롬프트

---

49) 장문철·주현민, <모두가 할 수 있는 인공지능으로 그림 그리기>(앤써북, 2023), 11~17쪽.
50) beta.dreamstudio.ai

(2) 미드저니로 삽화 이미지 제작

그림책의 삽화는 미드저니를 이용하여 만들었습니다.[51] 달리 2는 디테일이 부족한 부자연스러운 느낌의 이미지였고 스테이블 디퓨전은 사용법이 미숙하여 미드저니를 사용하여 삽화 작업을 하였습니다. 미드저니는 사용법이 비교적 쉽고 프롬프트 내용에 비해 이미지의 완성도가 있었습니다. 또한 프롬프팅 시 링크와 파라미터를 사용하여 주인공 캐릭터를 각 장면의 어울리는 이미지를 생성하면 이미지의 일관성도 유지할 수 있습니다.

작업한 그림책의 내용이 인물 중심으로 전개되기에 인물에 대한 단어와 문장으로 프롬프팅하여 삽화 이미지를 만들었습니다. 생성된 이미지에 좀 더 풍부하고 매끄러운 배경을 만들려면 아웃페인팅(outpainting)[52] 기능이 필요한데 미드저니에는 그 기능이 없어 배경보다는 이야기의 내용과 인물의 감정과 표정에 집중하며 삽화를 만들었습니다. 주인공 중심으로 전개되는 그림책이기에 일관성 있는 주인공의 모습을

---

51) "타이핑만 할 줄 알면 나도 동화 작가│ ChatGPT + 미드저니로 동화책 만들기(아마존 판매 가능)│ 미드저니 명령어 똑똑하게 입력하기│ ChatGP 200% 활용", <유튜브 채널: 기자 김연지>, youtu.be/-79WCOE4Q28(접속일자: 2023.05.03.).
52) 아웃페인팅(outpainting) 기술은 인공지능 기술 중 하나로, 이미지 처리 기술의 일종입니다. 자연어로 이미지에서 일부를 제거하거나 새로운 이미지를 생성하는 것입니다. 비교한 세 가지 도구 중 달리 2와 스테이블 디퓨전에는 이 기능이 있습니다.

담기 위해 **링크 + 문자 + 파라미터**53)를 조합하여 프롬프팅 하였으나 정확성이나 일관성 면에서는 기대에 미치지 못했습니다. 삽화 작업을 거듭할수록 주인공의 이미지가 조금씩 변했고, 처음과 끝을 보면 일관성이 부족합니다.

(3) 그림책 편집

책의 느낌을 살리기 위해 북 크리에이터54)로 그림책의 기본 형태를 만들고, 매끄러운 편집을 위해 북 크리에이터보다 편집 기능이 다양한 캔바55)를 이용하였습니다. 캔바의 새로 추가된 AI 기능 중 Magic Eraser 기능을 활용하여 그림책 내용과 관련 없는 일부 이미지를 삭제하고, 캐릭터 이미지를 삭제하여 배경으로 사용하는 등 손쉽게 편집하였습니다. 이렇게 제작한 그림책은 다음 QR 코드로 확인할 수 있습니다.56)

[그림5-1]
QR 코드

---

53) **예:** https://s.mj.run/oRsOFm-d5jk(링크) playing hide and seek, Yuki looking for friends as a tag, Raise your head and look around, in the living room, Little shy squirrel dressed in pink, Pixar style(문자) --seed 2924829854(파라미터)
54) bookcreator.com
55) canva.com
56) 그림책 링크: 유키의하루.lrl.kr
   그림책의 이미지를 클릭하면 각 이미지 프롬프트 내용을 확인할 수 있습니다.

[그림5-2] 그림책 표지

　잘 읽어보셨나요? 이 그림책으로 아이들에게 알려주고 싶은 것은 여느 인간관계에서도 그러하듯 "관계 맺기에는 표현이 중요하다"라는 것입니다. 서로 진솔하게 표현함으로써 갈등을 줄이고 더 돈독한 관계를 만들어 갈 수 있기를 기대하며 그림책 작업을 해보았습니다.

3. 시행착오 및 한계

미드저니의 프롬프팅이 생각보다 쉽지 않았습니다. AI 이미지 생성 앱 중에서 그나마 연속성 있는 이미지를 만들 수 있을 것 같았던 미드저니도 일관성이나 정확성이 기대에 미치지 못했습니다. 이것을 극복하는 방법을 두 가지로 생각해 보았습니다. 첫 번째는 미드저니의 가중치와 명령어를 활용하는 것입니다. 두 번째는 기본 캐릭터를 생성한 후 다양한 동작과 표정의 이미지를 생성한 후 이미지 배경에 캐릭터를 삽입하는 것입니다. 하지만 일관성이나 연속성이 크게 상관 없는 이미지를 생성 작업에서는 미드저니가 아주 강력한 도구임은 틀림없습니다.

현재 미드저니는 유료 구독 서비스로만 이용할 수 있습니다. 비교적 효율적인 스탠다드는 플랜은 이미지 생성시간이 900분이지만 1개월에 30$를 지불해야 하는 것이 큰 걸림돌이 될 수도 있겠습니다.

	Free Trial	Basic Plan	Standard Plan	Pro Plan
Monthly Subscription Cost	·	$10	$30	$60
Annual Subscription Cost	·	$96 ($8 / month)	$288 ($24 / month)	$576 ($48 / month)
Fast GPU Time	0.4 hr/lifetime	3.3 hr/month	15 hr/month	30 hr/month

[그림5-3] 미드저니 요금제 비교

4. 맺음말

언제나 처음은 어렵습니다. 발 빠르고 다양하게 나오는 AI 도구의 새로운 기능들을 익힐 때는 다소 시간이 걸리겠지만, 익히고 나면 비슷한 기능의 새로운 도구를 익히는 데 처음보다는 비교적 시간이 적게 걸립니다. 이렇게 관심과 호기심으로 시작하여 여러 시행착오 끝에 익힌 AI 도구들은 나와 마음이 잘 맞는 최고의 동료가 될 수 있습니다.

비슷한 사례는 있지만 똑같은 사례는 없습니다. 학급 아이들도 다르고 선생님도 다르니까요. 나의 동료 AI와 함께 만든 우리 반 맞춤형 인성교육용 그림책을 시의적절하게 활용해보시길 추천해드립니다. 선생님의 관찰과 세심한 배려로 아이들은 안정감을 느끼며 학교생활을 할 것입니다. 또한 학생들이 공감과 깨달음에서 멈추지 않고 실천에 옮길 수 있도록 후속 활동을 연계하여 깊이 있는 수업을 만들어 보시길 바랍니다.

학생 성장과 학급 문제해결뿐만 아니라 선생님의 교육철학이 담긴 그림책을 연재하여 학급 운영에 활용해도 좋겠습니다. 그림책이 작가의 철학을 담듯 선생님의 그림책에는 선생님만의 교육철학이 담길 겁니다. 선생님만의 교과서를 완성해 보세요.

Ⅲ. 생성형 AI와 함께하는 미래 수업

미래 수업이란 무엇이고, 과거 수업이란 무엇일까요? '미래'라는 단어가 붙으면 세련되고 기존에 보지 못했던 방법을 뜻하고 교육의 모든 문제를 해결할 수 있을 것으로 들리실지도 모릅니다. 여기에서는 그런 거창한 '미래 수업'은 볼 수 없습니다. 이번 장에서는 실제 교육 현장에서 겪은 문제점을 해결하기 위해 신기술을 융합한 교사들의 사례들을 제시합니다. 기술의 발전은 세상 모든 분야에 영향을 미치고 2023년을 강타한 생성형 AI의 흐름은 거스를 수 없는 대세가 되었습니다. 시대의 흐름에 편승하여 오랜 교육적 활용의 어려움을 극복한 세 선생님의 이야기가 있습니다. 첫째, 학생들의 관심사인 MBTI와 연계해 음악-작곡 수업의 어려움을 기술로 멋지게 승화한 선생님의 사례. 둘째, 전문성의 영역이며 학생들이 어려워하는 고등 탐구 '발명·융합과학탐구' 지도 방안을 연구한 선생님의 사례. 셋째, 텍스트 코딩에서 발생한 오류를 해결하기 위해 오류의 모든 종류를 순차적으로 해결하고자 한 선생님의 사례생성형 AI와 함께하는 미래 수업 이야기 지금부터 시작합니다.

성격을 소개하는 AI 작곡 융합수업

> 학생들이 자신의 성격에서 특징과 장점을 발견하고, 이를 주제로 작곡하는 수업입니다. 자기 이해를 하며 작곡하는 과정에서 자존감을 높이고, 음악적 요소를 새로운 시각에서 접하는 계기가 됩니다. 챗GPT의 도움으로 작곡 아이디어를 얻고, 감정의 영역도 AI와 접목할 수 있음을 배울 수 있습니다.

- **적용 가능 학년 · 과목:** 초 · 중등(음악, 진로, 영어, 미술)
- **활용 에듀테크:** 챗GPT(ChatGPT), 후크티오리(Hooktheory), 캔바(Canva)

1. 머리말: 자기 이해를 통해 자존감 높이기

자존감, 즉 자아존중감(self-esteem)은 자신이 사랑받을 가치가 있고 성과를 이룰 수 있는 유능한 사람이라고 믿는 마음입니다. 뇌과학자 정재승 교수에 의하면, 자존감은 스스로를 높이 평가하는 게 아니라 자신을 객관적으로 정확하게 이해하면서 높이는 개념이라고 합니다.[57] 학생들이 스스로를 성찰하면서 자존감이 높아지고, 자아상을 긍정적으로 확립하

---

57) "자신에 대한 이해도를 알아볼 수 있는 「메타인지 테스트」 차이나는 클라스 인생수업 5회", <유튜브 채널: 차이나는 클라스>, youtu.be/WOBRi-1bQJM(접속일자: 2023.05.04.).

기를 바라며 '나를 이야기하는 음악 찾기'를 주제로 수업을 진행해 왔습니다.58) 이를 발전시켜서 AI의 도움을 받아 자신의 성격을 소개하는 '작곡'에 도전하고자 합니다.

작곡은 음악 수업 중에서 난이도가 높습니다. 음악적 경험이 적어서 가창, 기악, 감상을 어려워하는 학생들은 작곡까지 도전하기가 벅차며, 이런 학생들을 교사가 일일이 챙기기도 힘듭니다. 그러나 챗GPT(ChatGPT)를 활용하여 작곡에 필요한 음악적 요소와 아이디어를 쉽게 얻고, 자신의 성격을 소개하는 작곡을 통해 자존감과 흥미를 동시에 높일 수 있습니다. 어려운 음악 이론을 섭렵해야 가능했던 작곡의 벽을 챗GPT로 허물어서 누구나 쉽게 도전할 수 있다는 가능성을 보여드리고자 합니다.

2. 성격을 소개하는 음악 작곡하기

가. 자기 성격 탐색하기(1차시)

이 수업은 진로, 영어, 미술 등의 교과와 융합하여 진행하면 더욱 효과적입니다. 학교에서 실시하는 진로 적성이나 성격 검사를 통해 자신의 특성을 파악하고 이 수업을 진행

---

58) 나의 음악 사이트 제작, 내 감정을 반영하는 음악을 주제로 그림 그리기, 음악을 소개하는 글쓰기 등을 진행했습니다. 자세한 사례는 오한나, <인공지능 융합수업 가이드>(다빈치books, 2023), 149쪽 참조.

하면, 자연스럽게 음악과 진로의 융합이 이루어지고 내용이 더욱 풍성해집니다. 또한 성격 및 감정 형용사를 영어 교과에서 영어 단어로 살펴보고, 색채 심리에서 다루는 색에 대한 특징을 미술 교과에서 배우면 융합 수업으로 확장할 수 있습니다.

(1) 동기유발을 위해 성격과 관련된 영상을 감상합니다. 성격 이해가 중요함을 알려주는 영상, 외향성과 내향성의 차이, MBTI나 애니어그램 등의 성격 유형 지표 등을 설명하는 영상을 추천합니다.

(2) 자신의 성격에서 나타나는 특징과 장단점 등을 떠올리고, 학습지를 작성합니다. 문장 이외에도 형용사, 색깔, 그림 등을 활용해서 성격을 표현할 수 있습니다. 모둠을 편성해서 성격 어휘 카드, 감정 카드 등으로 자신의 성격을 모둠원에게 설명하는 수업을 병행하면 학습지에 성격을 묘사할 때 도움이 됩니다.

2. 자기 성격을 나타내는 형용사, 색깔 등을 쓰세요.

형용사	활기찬, 가슴 벅찬, 의기양양한, 긴장되는, 냉정한
색깔	원색에 가까운 파랑색. 분명하면서 시원하고 차가운 느낌이 들기 때문이다.

[그림6-1] 자기 성격을 탐색하고 작성하는 학습지 예시[59]

(3) 성격이나 감정을 반영한 음악을 감상합니다. 예컨대 MBTI 유형과 어울리는 음악, MBTI에서 J(판단형)와 P(인식형)을 표현한 음악[60] 등이 있습니다. 자신의 성격을 음악으로 어떻게 표현할지 아이디어를 얻도록 지도합니다.

나. 자신의 성격과 유사한 음악 찾기(2차시)

자신의 성격을 파악하고 이와 관련된 음악을 찾습니다. 이를 위해 음악 감상 수업과 병행해 악기 음색, 음악 형식 및 장르, 악상기호, 빠르기 등의 배경지식을 쌓는 과정이 필요합니다. 또한 해당 차시는 자신의 성격과 음악적 요소를 연결하는 주제로 논술 수행평가를 연계하기에 좋습니다.

(1) 자기 성격과 유사한 음악을 찾아서 감상하고, 유사하다고 생각하는 이유를 음악의 제목과 함께 패들렛(Padlet)에 공유합니다. 음악 경험이 적은 학생들은 음악을 찾는 과정을 어려워하는데 이때 생성형 AI를 활용할 수 있습니다.[61] 질문을 할 때는 성격의 특징, 원하는 음악 장르 등을 포함합니다.

---

59) 학습지 사본 다운로드: bit.ly/성격음악학습지
60) "피아노로 MBTI J와 P를 표현하기[즉흥연주]", <유튜브 채널: 이은율 composition>, youtube.com/shorts/e0fYflb0544?feature=share(접속일자: 2023.05.04.).
61) 챗GPT는 현재 13세 이상만 사용 가능하며, 18세 미만이면 부모님의 동의가 필요합니다. 연령 제한 때문에 학생이 직접 챗GPT를 검색하지 말고 교사가 대신 검색해서 결과를 보여주는 방법을 추천합니다.

① 나는 내성적이고 새로운 도전하기를 두려워해. 배려심이 많고 친구들을 도울 때 행복을 자주 느껴. 이런 성격과 어울리는 음악을 추천해줘. 2010년 이후에 발표된 한국의 대중가요 중에서 알려줘.

② 나는 MBTI[62]에서 ESTJ 유형이야. 이 유형과 비슷한 느낌의 음악을 클래식 곡 중에서 3개만 추천해줘.

[표6-1] 챗GPT에게 자기 성격과 유사한 음악을 추천하라는 질문

챗GPT는 표의 ①에 해당하는 곡으로 아이유 <팔레트>, 방탄소년단 <매직샵> 등을 추천하고 ②에 해당하는 곡은 J.S 바흐 <브란덴부르크 협주곡> 3번, 베토벤 교향곡 5번 등을 알려주었습니다. 챗GPT는 오답도 많이 말하므로 실제로 이 곡들의 제목과 가사, 곡의 특징 등을 살펴보며 적절하게 추천되었는지 검증해야 합니다.

1. 바로크: Johann Sebastian Bach의 "Brandenburg Concerto No. 3" - 이 작품은 복잡하고 정확한 대위법으로 유명하며 세부 사항에 대한 세심한 주의와 신중한 계획이 필요합니다. ESTJ는 이 작품의 구조와 복잡성, 그리고 장대하고 기념비적인 성격을 높이 평가할 것입니다.

2. 클래식: Ludwig van Beethoven의 "Symphony No. 5" - 이 상징적인 교향곡은 폭발적이고 의기양양한 피날레로 이어지는 강력하고 지속적인 리듬으로 유명합니다. ESTJ는 이 음악이 전달하는 목적의식과 결단력, 그리고 구조와 형식에 대한 강한 강조를 높이 평가할 것입니다.

[그림6-2] 챗GPT가 MBTI 중 ESTJ 유형과 유사한 클래식을 추천

---

62) MBTI는 칼 융의 성격 유형 이론에서 출발한 자기 보고형 성격 검사이며, 성격을 총 16가지 유형으로 구분합니다. 권석만, <인간 이해를 위한 성격심리학>(학지사, 2018), 132쪽 참조.

(2) 학생들은 자신의 성격을 주제로 작곡하기 위해 학습지를 작성합니다. 성격과 유사한 음악을 감상하고 떠오르는 느낌을 형용사, 색깔, 문장 등으로 표현합니다. 자신의 성격과 어울리는 음악적 요소(악상기호, 악기 편성 등)를 탐색하여 이유와 함께 학습지에 적습니다.

예를 들어 성격이 진중하고 여유로우며 친구 관계를 중요시하는 학생이라면 빠르기 중 느린 **안단테(Andante)**, 늘임표 또는 이탈리아어로 멈춘다는 뜻의 **페르마타(Fermata)**, 같은 음높이의 음을 2개 이상 연결한 **붙임줄(Tie)** 등을 성격과 연관 지을 수 있습니다.

이 과정에서 학생들은 음악 이론을 단순히 암기하던 차원을 벗어나, 자신의 성격과 관련된 음악적 요소를 능동적으로 찾게 됩니다. 학생들은 작곡을 위해 리듬, 화성, 악상기호 등을 배우는 과정이 지루할 때가 있습니다. 그러나 '성격'이라는 스토리를 가미하여 작곡하면 자신과 관련된 음악적 요소를 맞춤형으로 재밌게 접할 수 있습니다.

(3) 학습지를 패들렛에 올리고 학생들과 공유하며 의견을 나눕니다. 친구의 성격과 어울리는 음악적 요소를 추천해 주거나, 자신과 비슷한 성격의 학습지를 비교하며 내용을 보완합니다. 3차시에도 학습지를 이어서 작성합니다.

다. 챗GPT에게 작곡 아이디어 질문하기(3차시)

자신의 성격과 관련된 요소가 잘 드러나도록 짧은 곡을 만듭니다. 작곡에 필요한 아이디어나 음악적인 조언이 궁금할 때는 챗GPT에게 질문할 수 있습니다. 예를 들어, MBTI 중 ESTJ 유형을 음악으로 나타낼 때 작곡에 필요한 요소를 알려달라고 했더니 다음과 같이 답변을 받았습니다.

ESTJ 성격을 표현하기 위한 선율은 확실하고 단호한 느낌을 주는 것이 좋습니다. C장조로 작곡할 경우, 이를 표현하기 위해 다양한 방법을 사용할 수 있습니다.

예를 들어, 강하고 명료한 리듬을 사용하여 느낌을 전달할 수 있습니다. 간결하고 직선적인 멜로디를 사용하면서도, 반복되는 리듬과 강한 강조로 분명하게 표현할 수 있습니다. 또는 길이가 다른 음표를 조합하여 변화를 줄 수도 있습니다.

또 다른 방법으로는 중간에 강한 강세를 두는 것입니다. 이는 ESTJ 성격의 단호하고 결정적인 면모를 강조할 수 있습니다. 또는 명확하고 직선적인 선율에서 벗어나, 깊고 고귀한 선율을 추가하여 유연성과 깊이를 더할 수도 있습니다.

이러한 방법들을 조합하여, 확실하면서도 다양한 감정을 담은 선율을 만들어낼 수 있을 것입니다.

[그림6-3] 챗GPT가 ESTJ를 표현하는 작곡 아이디어를 제공

ESTJ(지도자형) 유형은 FM 모범생 스타일입니다. 매사에 계획적이며 추진력이 강하고, 고지식하면서 결단력 있는 스타일입니다.[63] 챗GPT는 이를 반영하여 작곡에 대한 아이디어를 제시합니다. 선율은 간결하고 직선적인 느낌을 담아

---

63) 박정훈, <최상위 1%의 비밀 MBTI 공부법>(하움출판사, 2022), 319~323쪽.

서, 리듬은 반복적이며 강세를 포함하라고 합니다. 즉 ESTJ 음악은 명확하고 강렬하면서, 규칙적인 느낌입니다.

　이번에는 ESTJ를 표현하는 음악의 조성을 질문했습니다. 챗GPT는 ESTJ에서 나타나는 결단력, 자신감을 강조하기 위해 장조를 추천했습니다.

ESTJ의 음악에는 일반적으로 ESTJ의 성격 특성과 일치하는 자신감, 힘 및 긍정성을 전달하기 때문에 장조가 적합합니다. 처음에 C장조를 언급했지만 다른 옵션은 D장조가 될 수 있습니다. D장조는 ESTJ의 결단력 있고 자신감 있는 성격을 강조할 수 있는 밝고 독단적인 특성을 가지고 있습니다.

그러나 키 선택은 음악에서 불러일으키려는 특정 분위기나 감정에 크게 좌우된다는 점에 유의해야 합니다. 작품에 대한 당신의 비전과 가장 잘 어울리는 키를 찾기 위해 다른 메이저 키를 실험해볼 수 있습니다.

[그림6-4] 챗GPT가 ESTJ 음악의 조성으로 장조를 추천

　C장조로 작곡하기로 결정하고, C장조에 어울리는 선율을 음이름으로 알려달라고 챗GPT에게 질문했습니다. 챗GPT는 곡의 첫 마디에 배치될 C코드에 어울리는 선율을 다음과 같이 제시했습니다. 반복되는 음형과 완전 5도 간격으로 크게 도약하는 C와 G의 선율 배치는 ESTJ의 규칙성과 단호함을 나타내기에 적절해 보입니다.

C장조 C코드에 어울리는 단호하고 확실한 선율 라인을 만들기 위해서는, 주로 C와 G, 그리고 F 와의 연결을 활용하면 좋습니다. 이러한 음들은 C장조의 화성진행에서 중요한 역할을 수행하기 때문입니다.

예를 들어, 다음과 같은 선율 라인을 생각해볼 수 있습니다.

C - G - C - G - C - G - F - C

이 선율 라인에서는 C와 G의 연속적인 반복을 통해, 확실하고 강한 느낌을 전달합니다. 그리고 F와 C 사이의 이동으로 인해, 강한 강조를 두는 등의 다양한 변화를 추가할 수 있습니다. 이러한 방법들을 조합하여, 단호하면서도 다양한 느낌을 담은 선율 라인을 만들어낼 수 있을 것입니다.

[그림6-5] 챗GPT가 ESTJ의 특징을 반영하여 음이름 제시

이러한 원리로 ESTJ 음악에 어울리는 빠르기와 가사도 챗GPT에게 질문했습니다. 챗GPT는 ESTJ의 신속한 판단력, 효율성을 중요시하는 특징이 알레그로(Allegro)와 어울린다고 답했습니다. 가사도 ESTJ의 특성을 반영하여 척척 만들어 줍니다. 이를 참고하여 작곡을 진행할 수 있습니다.

라. 후크티오리(Hooktheory)로 작곡하기(4차시)

학생들이 쉽게 작곡할 수 있는 도구는 밴드랩(BandLab)[64], AI 기반의 아이바(AIVA)[65] 등이 있으며 이 글에서는 후크티오리[66]로 작곡하는 방법을 소개합니다.[67] 후크티오리

---

64) bandlab.com
65) aiva.ai
66) hooktheory.com
67) 후크티오리를 작곡 도구로 선택한 이유는 오선보에 작곡하듯이 선율, 리듬,

는 조성을 선택하면 AI 기반으로 코드를 추천해 주고, 대중
적으로 많이 사용하는 코드 진행을 예시로 알려주는 작곡
도구입니다.

[그림6-6] 후크티오리의 작곡 메뉴

[그림6-7] 코드 관련 메뉴 중 Magic을 클릭한 모습(AI 추천 코드)[68]

후크티오리는 오선보가 아닌 막대 형식으로 악보를 그리
므로, 학생들이 음표의 길이와 음높이를 직관적으로 인식합

화성 등을 직접 입력할 수 있고 화면이 단순해서 도구의 진입 장벽이 낮기 때
문입니다. 밴드랩은 후크티오리보다 음악적 요소를 입력할 수 있는 폭이 넓지
만, 조작 난이도는 다소 높습니다. 아이바는 곡의 조성, 박자, 빠르기, 분위기
등을 선택하면 이를 종합하여 AI가 곡을 완성하는 형태로, 완성도 높은 작곡
결과물이 쉽게 나오지만 무작위로 곡을 제시하는 형태입니다. 밴드랩과 아이
바로 작곡하는 방법은 <인공지능 융합수업 가이드>(다빈치books, 2023)참조.
68) 무료 버전에서는 추천 코드 샘플이 90초만 나타납니다. 이 경우에는 학생들
이 작품을 저장했다가 후크티오리에 재접속하면 계속 사용이 가능합니다.

니다. 또한 곡에서 설정한 조성의 음이름이 화면에 나오기 때문에 화성음과 비화성음을 쉽게 파악할 수 있습니다. 후크 티오리 덕분에 음악적 소양이 부족한 학생들도 작곡 수업을 쉽게 참여하게 됩니다.

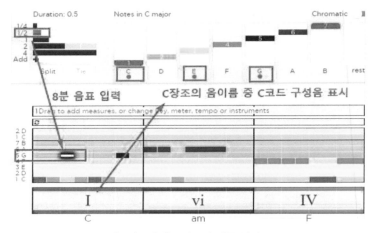

[그림6-8] 후크티오리 작곡 화면

또한 메뉴 중 밴드(🎸)를 클릭하면 록, 발라드, 재즈, 오케스트라 편성, 힙합 등의 장르가 템플릿으로 제공됩니다. 장르를 선택하면 볼륨, 옥타브, 악기 편성 등을 조정할 수 있습니다. 마디별로 장르를 다르게 설정할 수도 있어서, 감정의 변화를 나타낼 때 활용하기 좋습니다.

다만 장르의 종류가 많지 않고, 단선율만 표현되고, 세밀한 셈여림과 이음줄 등의 악상기호를 표현하기는 어려워서 아쉽습니다.

[그림6-9] 밴드 메뉴에서 제공하는 음악 장르 템플릿

앞에서 설명한 기능 대부분은 무료로 이용할 수 있고, 심화 기능(미디 및 오선보 추출, 밴드 편성 저장, 음악 AI 분석 등)은 유료 결제 후에 사용할 수 있습니다. 무료 이용은 후크티오리 첫 화면에서 Learn More - Try For Free 순서로 클릭하면 가능합니다.

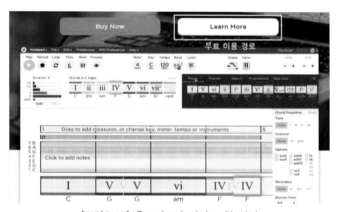

[그림6-10] 후크티오리 사이트 첫 화면
(무료 이용 경로: Learn More - Try For Free)

앞 차시에서 작성한 학습지를 바탕으로, 후크티오리에서 작곡을 진행합니다.

음악적 요소	선택한 요소	선택한 이유
악상기호	f(포르테): 마디 1 크레센도: 마디 7 ff(포르테시모): 마디 8	추진력을 발휘해서 돌진하는 성격을 표현
	스타카토: 마디 4	효율성, 간결함을 추구하는 성격
리듬 특징	반복적인 리듬 ♩♩♩♩ ♪♪♪♪	이성적, 규율을 중시하는 성향을 반복적인 리듬으로 표현
조성	C장조	밝고 확실한 성격
악기 편성	오케스트라	지휘자가 오케스트라를 이끌고, 여러 단원과 함께 협업하는 모습이 ESTJ(지도자형) 유형과 유사하다고 생각
빠르기	알레그로(Allegro) (BPM 120)	속전속결, 효율성 중시하는 성격
기타	마디 7 선율	목표(도)를 향해 돌진하는 성격
	C, F, G음 많이 사용	챗GPT의 조언대로 C-F(완전 4도), C-G(완전 5도)의 큰 도약으로 강한 인상 표현

[표6-2] ESTJ 유형과 음악적 요소를 연결한 학습지 예시

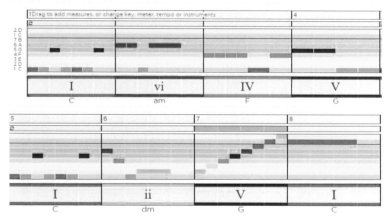

[그림6-11] 후크티오리에 입력한 ESTJ 음악[69]

[그림6-12] 사보 프로그램으로 기보한 ESTJ 음악

---

69) 음악 감상: bit.ly/성격음악

마. 작품 공유 및 피드백(5차시)

(1) 후크티오리를 무료로 이용할 때는 단순한 선율 상태로만 저장할 수 있습니다. 밴드 악기 편성까지 포함된 작품을 저장하고 싶으면, 화면 녹화를 해서 영상을 만듭니다.

(2) 지난 시간에 작성했던 패들렛에 작곡한 영상을 업로드하여 공유하고, 감상하며 피드백을 나눕니다. 자신과 비슷한 성격, 가족이나 친구와 비슷한 성격, 자신과 정반대의 성격은 어떻게 소리로 표현되는지 생각하면서 감상합니다. 이를 통해 사람들은 각자 고유한 개성이 있고 다양하다는 사실을 경험합니다.

(3) 캔바(Canva)[70]에서 학급 학생들과 영상을 동시에 병합할 수도 있습니다. 예컨대 비슷한 성격의 음악끼리 모아서 1개의 영상으로 만들거나, 같은 반 친구들의 음악을 학번 순으로 배치하여 학급별로 성격을 소개하는 음악 영상을 제작합니다.

---

70) canva.com

[그림6-13] 캔바로 학급별 성격 음악 영상을 공동으로 제작하는 예시[71]

5. 맺음말: AI 작곡 튜터로 활약하는 챗GPT

이처럼 자기 성격을 탐색하고 작곡으로 연계하는 수업은 스스로를 이해하면서 자존감을 향상하는 계기로 삼을 수 있습니다. 성격 유형 검사와 성격 형용사를 찾는 과정은 진로, 영어, 미술 등의 교과와 융합으로 진행하기에도 좋습니다. 또한 성격을 표현하는 음악적 요소를 찾는 과정에서는 음악 이론을 암기식이 아닌, 상상력과 스토리를 가미하여 재밌게 학습하게 됩니다.

---

71) 영상 감상: bit.ly/학급별음악

작곡하는 과정에서 챗GPT는 AI 튜터로서 역할을 충실히 합니다. 학생들은 챗GPT에게 어려운 음악적 요소에 대해 질문하고, 작곡에 대한 아이디어를 얻으며 맞춤형 지도를 받습니다. 기존에는 작곡하기까지 음악 이론을 학습하는 과정이 길었지만, 챗GPT를 활용하면 음악 이론을 맞춤형으로 추천받으며 작곡하는 즐거움을 더 빠르게 느끼게 됩니다. 또한 교사는 학생들을 개별적으로 도와주지 못하는 한계를 챗GPT를 활용해서 극복할 수 있습니다. 즉, 챗GPT는 학생과 교사 모두에게 든든한 조력자가 됩니다.

챗GPT는 오답과 편향적인 답을 많이 하고 연령 제한이 있다는 단점이 있지만, 맞춤형으로 개별화 교육에 기여하는 장점이 더욱 크다고 생각합니다. 역량이 부족한 학생도 수업에서 소외되지 않고, 멋진 결과물을 쉽게 만들 수 있는 시대가 왔습니다. 이 절호의 기회를 잘 살려서 학생과 교사 모두에게 도움이 되는 AI 교육이 실현되기를 기대합니다.

AI를 활용한 발명 및 융합과학대회 지도 방안

오성중 교사 표완구

발명대회와 융합과학대회에 참여하는 학생들은 다양한 아이디어를 산출하고, 산출된 아이디어를 이미지로 표현하는 것에 어려움을 느낍니다. 교사가 이러한 학생들을 지도할 때, 챗GPT와 애스크업, 딥AI나 웜보 등을 활용하는 방법을 안내합니다.

- **적용 가능 학년: 초 · 중등**
- **활용 에듀테크: 챗GPT(ChatGPT), 애스크업(AskUP),**
              딥A I (DeepAI), 웜보(WOMBO)

1. 문제의 시작

과학 교사로 발명과 융합과학 등의 교내대회를 운영하고, 과학동아리 학생들을 지도해 각종 대회를 준비하면서 학생들이 가지고 있는 창의성과 문제해결력을 발현하고 촉진하기 위한 다양한 방법을 학교 현장에서 실천해 왔습니다.

최근에 교육부에서 'AI를 활용한 디지털 교육혁신 방안'을 발표하면서 이를 위한 선도 교사를 육성할 예정이라고 합니다. 새로운 기술이 도입되면 학교 현장에서 선생님들은 새로운 기술이나 교육과정에 대한 연수프로그램을 받게 될 것이며, 그에 따라 수업에 어떻게 적용할 것인가에 대해 고민하게 될 것입니다. 교육부의 이와 같은 발표에 발맞추어, 최근 핵심 키워드로 관심을 받는 챗GPT(ChatGPT)와 애스크업(AskUp), 딥AI(DeepAI)와 웜보(WOMBO) 등을 활용한 발명대회 및 융합과학대회지도 방법을 생각하게 되었습니다.

AI 기술이 급속히 발전하면서, AI가 교육 분야에서 할 수 있는 역할도 커지고 있습니다. 챗GPT와 애스크업은 대용량의 데이터를 학습하는 능력과 자연어 처리 능력이 뛰어나기 때문에 발명대회나 융합과학대회에서 활용할 수 있을 것입니다. 하나의 주제에 대해 학생이 제시할 수 있는 아이디어는 한정적입니다. 여기에 챗GPT와 애스크업을 통해 제시받은 아이디어를 보완하여 접근하면 기존의 아이디어보다 폭넓고 창의적인 아이디어를 만들 수 있을 거라 생각됩니다.

또한, 아무리 좋은 아이디어라고 해도 그림이나 디자인을 작성할 때, 서툴고 표현력이 부족해 어려움을 갖는 학생들이 있는데 이런 어려움을 해결하기 위한 보조 수단으로 딥AI나 웜보 등을 활용하는 방법을 안내하였습니다.[72]

2. 연구의 의미

손정의 소프트뱅크 회장은 생활에서 사용하는 300개의

---

72) 딥AI와 웜보 사용법은 글의 마지막 [참고자료]에 첨부하였습니다.

단어 낱말카드를 만들고, 이 카드 중에 3개를 무작위로 뽑아 하루에 한 번씩 이 세 가지 단어를 연결해 보았다고 합니다. 그러던 중 카드에 사전, 음성발신기, 액정화면이라는 단어가 나와서 이것을 연결해서 만든 아이디어가 전자사전이었고, 그는 이 특허를 대기업에 팔았다고 합니다.

발명이나 융합과학에 익숙하지 않은 학생들이 챗GPT와 애스크업을 활용하여 단어와 단어를 연결해 새로운 발명아이디어를 만들어내는 연습을 해본다면 기존의 방법보다 다양하고 창의적인 아이디어를 구현할 수 있을 것이라 생각합니다.

또한, 창의적인 아이디어가 구상되어도 학생들이 이를 실물로 표현하는 그림이나 디자인에 어려움을 겪는 경우가 많았습니다. 그래서 이러한 부분을 보완하고자 학생이 산출한 아이디어의 내용을 딥AI나 윕보 등에 구체적으로 입력하고, 이러한 도구들이 내용을 분석해 그림이나 디자인을 그려주는 방법은 효과적일 것입니다.

제가 소개하는 방법은 발명이나 융합과학대회에 능통한 선생님이나 학생들보다는 발명이나 융합과학대회를 처음 접하거나 기초가 부족한 학생들, 그리고 학생 지도에 어려움을 겪는 선생님들에게는 유용한 방법이 될 것입니다.

또한, 연구에서 사용된 챗GPT, 애스크업, 딥AI, 윕보 등을 학생들이 직접 사용하기보다는 선생님들께서 수업 도입에서 활용하거나 학생들이 어려움을 겪을 때 사용하면 지도하는 선생님들에게는 길라잡이의 역할을 해 줄 것이며, 학생들에게는 문제해결에 도움을 줄 것입니다.

3. 연구의 내용

가. 발명대회 지도

(1) 대회 개요

발명과 관련하여 많은 대회가 있습니다. 그중 과학기술정보통신부에서 주최하고 국립중앙과학관과 동아일보가 주관하는 전국 학생 과학발명품경진대회는 가장 큰 규모의 대회입니다. 대회는 국내외 대회에서 공개되거나 발표된 작품, 과학적 원리로 설명할 수 없는 작품 등은 출품할 수 없습니다.[73]

대회 준비를 위해 선생님과 학생들은 번득이는 발명품을 고안하거나 생활하면서 불편했던 점을 해결할 수 있는 발명품을 고안하기도 합니다. 하지만, 대부분의 발명 수업에서는 여러 가지의 주제를 가지고 아이디어를 산출하는 방향으로 진행하면서 학생들의 아이디어를 산출하고, 그중 선정된 아이디어를 모형이나 실물로 제작하여 출품합니다.

---

73) <제44회 전국학생과학발명품경진대회 개요>(국립중앙과학관, 2023).

(2) 지도예시

'종이컵과 휴대전화를 이용한 발명'이라는 주제를 가지고 학생들과 브레인스토밍, 브레인라이팅 등의 활동을 합니다. 이때, 학생들은 자신이 가진 다양한 생각을 발표하고 기록할 것입니다.

① 교사는 학생들이 서로의 생각을 발표하고 정리해 보도록 합니다. 이후에 챗GPT와 애스크업이 제시한 내용을 학생들에게 보여주고 자신들이 발표했던 내용과 비교해보도록 합니다.

Q: 종이컵과 휴대전화를 이용한 발명아이디어를 5가지만 제시해 줘.

 1. 종이컵으로 만든 스피커: 종이컵 하나에 스피커 기능을 추가한 제품으로, 스마트폰이나 MP3 플레이어 등을 연결하여 음악을 들을 수 있습니다.

"중략"

5. 종이컵으로 만든 스마트 화분: 종이컵에 스마트폰 앱과 연동되는 센서를 부착하여 식물의 습도, 온도 등을 측정하고 휴대폰으로 알림을 받을 수 있는 스마트 화분을 제작하여 볼 수 있습니다.

[표7-1] 발명 아이디어에 대한 챗GPT의 답변

1. 화면 확대기: 종이컵을 이용하여 휴대폰 화면을 확대하는 아이디어입니다. 종이컵의 하단 부분을 잘라내고, 휴대폰을 종이컵 안쪽으로 넣어주면, 종이컵을 통해 화면을 크게 볼 수 있습니다.

"중략"

5. 휴대폰 마이크: 종이컵을 이용하여 휴대폰 마이크를 대체할 수 있는 아이디어입니다. 종이컵의 하단 부분을 잘라내고, 휴대폰의 마이크가 있는 부분을 종이컵의 입구 부분에 대고, 소리를 녹음할 수 있습니다. 이를 통해, 원격으로 녹음이 필요한 경우, 휴대폰 마이크 대신 종이컵을 이용할 수 있습니다.

[표7-2] 발명 아이디어에 대한 애스크업의 답변

② 학생들은 자신과 동료 학생들이 제시한 내용과 함께 챗GPT와 애스크업이 제시한 내용을 바탕으로 자신들의 아이디어를 보완 및 정리하도록 합니다.

③ 학생들은 각자 선정된 아이디어를 그림이나 디자인으로 그려 봅니다. 이후 앞에서 선정된 아이디어를 AI 번역기로 영어번역을 하고 번역된 프롬프트를 딥AI와 웜보에 각각 입력하여 제시된 그림과 학생들의 그림을 비교하면서 학생들의 생각을 발표합니다.

Q. AI 번역기: It is a product that adds speaker function to one paper cup, and you can listen to music by connecting your smartphone or MP3 player.

(한국어: 종이컵 하나에 스피커 기능을 추가한 제품으로, 스마트폰이나 MP3 플레이어 등을 연결하여 음악을 들을 수 있습니다.)

[표7-3] 발명 아이디어 중 AI로 번역한 내용

[그림7-1] DeepAI 에서 그린 화면　　[그림7-2] WOMBO 에서 그린 화면

④ 완성된 그림을 바탕으로 수정과 보완을 거쳐 모형을 제작해 봅니다. 이러한 과정을 통해 학생들은 작품을 디자인하는 데 소모되는 시간을 단축할 수 있고, 폭넓은 생각을 할 수 있어 창의성을 발현할 수 있을 것입니다.

나. 융합과학대회 지도

(1) 대회 개요

청소년과학페어(구 청소년과학탐구대회) 중 융합과학대회는 과학기술정보통신부에서 주최하고 한국과학창의재단이 주관하고 있습니다. 대회는 일상에서 발생하는 여러 문제를 STEAM (과학, 기술, 공학, 예술, 수학), 인문 등의 융합적인 요소를 통하여 창의적인 방법으로 해결하는 것을 목적으로 합니다.[74]

예선을 거쳐 선발된 학생들을 대상으로 운영하는 전국대회는 당일에 대회 주제를 발표하고, 주어진 재료를 활용해 약 4시간에 걸쳐 학생들은 주제에 맞는 아이디어 도출과 설계도 작성 및 작품설명서를 작성 후 산출물을 제작하여, 발표와 질의응답 시간에 질문에 답변하는 형식으로 대회가 진행됩니다. 이런 융합과학대회에서는 여러 교과의 융합적인 요소가 필요하므로 다방면에 걸친 아이디어가 필요합니다. 그래서 AI를 활용하여 대회를 준비하는 방법을 안내하고자 합니다.

(2) 지도예시

'재생에너지를 활용한 주택모형 설계'라는 주제를 제시합니다. 그리고 여기에서 학생들에게 산출물 제작에 활용할

---

74) <2022년 청소년과학페어 과학토론, 융합과학종목 전국대회 운영 요강> (한국과학창의재단, 2022).

재료를 나누어 주고 STEAM 및 인문 등의 융합적인 요소를 만족시킬 수 있도록 산출물을 제작해 보도록 합니다.

① 학생들이 산출물 제작에 앞서 본인이 작성한 아이디어를 발표하도록 합니다. 이후에, 같은 주제로 챗GPT와 애스크업이 제시한 내용을 학생들에게 보여주고 자신이 발표했던 내용과 비교해보도록 합니다.

Q : 재생에너지를 활용한 주택모형을 설계하려고 해. 아래의 조건을 만족해야 하고, 주어진 재료를 모두 활용해야 해. 조건은 과학, 수학, 예술적인 사항이 동시에 들어가야 해. 재료는 스펀지, 태양전지, 프로펠러, 거울이야.

다음은 주어진 재료(스폰지, 태양전지, 프로펠러, 거울)를 사용하여 수학, 과학 및 예술적 요소를 고려하여 재생에너지를 통합한 주택 모델 디자인입니다.

1. 풍력 에너지 활용: 풍력 에너지를 활용하기 위해 지붕이나 노출된 지역에 프로펠러를 설치하십시오. 수학적 계산을 활용하여 최적의 크기, 수, 프로펠러 배치를 결정하여 최대 풍력을 포착합니다. 설계가 집안의 적절한 공기 흐름과 환기를 허용하는지 확인하십시오.

"중략"

2. 자연 채광을 위한 거울: 집 전체에 거울을 전략적으로 배치하여 자연광을 반사하고 효과적으로 분산시킵니다. 수학을 사용하여 거울의 각도와 위치를 계산해 낮 시간 동안 실내 공간의 조명을 최적화합니다.

[표7-4] 융합과학 아이디어에 대한 챗GPT의 답변

재생에너지를 활용한 주택모형을 설계하는 것은 매우 흥미로운 일입니다. 아래는 조건에 맞는 설계 아이디어입니다.

1. 수학: 프로펠러를 이용한 풍력 발전 시스템을 설치합니다. 프로펠러는 바람이 불 때 전기를 발전할 수 있도록 도와줍니다. 이를 통해, 태양광 발전 뿐만 아니라, 풍력 발전까지 가능한 한 더욱 효율적인 에너지 시스템을 구축할 수 있습니다.

"중략"

5. 예술: 거울을 이용하여 주택모형의 디자인을 개선합니다. 거울은 광원을 반사시켜 주택 내부의 밝기를 더욱 향상시킬 수 있습니다. 또한, 거울을 사용하여 주택모형의 디자인을 더욱 예술적으로 개선할 수 있습니다.

[표7-5] 융합과학 아이디어에 대한 애스크업의 답변

② 학생들은 자신과 동료 학생들이 제시한 아이디어와 함께 챗GPT와 애스크업`이 제시한 아이디어를 비교해보면서 수정 및 보완하도록 합니다.

③ 학생들은 각자 수정 및 보완된 아이디어를 디자인이나 그림으로 그려 봅니다. 이후에, 앞에서 챗GPT나 애스크업이 답변한 아이디어 중 하나를 AI 번역기로 영어번역을 하고 번역된 프롬프트를 딥AI와 윔보에 각각 입력하여 제시된 그림과 학생들의 그림을 비교해 봅니다. 이 활동을 통해

학생들은 아이디어를 확장하고, 자신들의 그림이나 디자인 표현에 도움을 받을 수 있습니다.

Q. AI 번역기 : Improve the design of the housing model using mirrors. The mirror can reflect light sources to further enhance the brightness of the interior of the house.
(한국어 : 거울을 이용하여 주택모형의 디자인을 개선합니다. 거울은 광원을 반사시켜 주택 내부의 밝기를 더욱 향상시킬 수 있습니다.)

[표7-6] 융합과학 아이디어 중 AI로 번역한 내용

[그림7-3] DeepAI 에서 그린 화면   [그림7-4] WOMBO 에서 그린 화면

④ 완성된 그림을 바탕으로 수정과 보완을 거쳐 산출물을 제작해 봅니다.

대부분의 학교에서 융합과학대회를 준비하는 학생은 학교 대표로 참가하기 때문에 같이 연습할 수 있는 학생이 없어 혼자 준비하는 경우가 많습니다. 따라서, 챗GPT나 애스크업을 활용하면 생각하지 못했던 다양한 아이디어 산출에 도움을 받을 수 있어 대회 준비에 많은 도움이 될 것입니다.

4. 연구의 결론 및 제안

앞에서 제시한 과정을 거쳐 발명과 융합과학 대회를 준비하면 혹시 학생의 창의성을 오히려 저해하지 않겠냐는 걱정을 할 수 있을 것입니다. 하지만, 걱정스러운 부분보다 학생과 교사에게 도움이 되는 부분이 더 많다는 것입니다.

첫째, 수업을 진행하면서 학생들이 어려움이 없는지, 집중하고 있는지 등을 확인할 수 있고 난이도나 진도를 조절함으로써 개별화된 맞춤형 교육이 가능합니다.

둘째, 챗GPT와 애스크업을 사용하면서 우리가 생각하지 못했던 여러 아이디어를 추가로 제시받음으로써 폭넓고 다양한 아이디어를 산출해 내기 때문에 학생들의 창의성을 향상하고, 사고력을 향상할 수 있습니다.

셋째, 디자인이나 그림에 서투른 학생들이 표현에 어려움을 겪을 때 딥AI나 윔보 등을 사용함으로써 본인이 생각했던 것보다 세련된 디자인과 그림을 얻을 수 있고, 그중에 생각하지 못했던 전체적인 그림이나 세부적인 디자인 부분까지도 아이디어를 구할 수도 있습니다.

지금, 이 순간에도 다양한 AI 기술들은 끊임없이 나오고 있으며, 본문에서 소개되지 않은 더 좋은 기술도 있습니다. 하지만, 앞에서 말씀드린 바와 같이 새로운 기술이라고 어렵게 생각하시지 마시고, 쉽게 활용할 수 있는 것부터 접근하시면 거기에서 또 다른 방법이 얻어질 것입니다.

발명교육과 융합과학교육을 담당하시는 선생님들과 대회를 준비하는 학생들에게 응원의 박수를 드립니다. 짧은 내용이지만 AI 기술을 활용하여 발명대회와 융합과학대회에 흥미를 유발하고, 준비에 도움을 얻고자 하는 교사, 학생, 학부모에게 유익한 자료가 되었으면 하는 바람과 함께 글을 마칩니다.

딥AI(DeepAI)와 웜보(WOMBO) 사용법

1. 딥AI(DeepAI)

일러스트레이션을 입력하면 딥AI는 즉시 해상도 독립적인 벡터 이미지를 생성할 수 있습니다. 딥AI가 제공하는 도구에는 사실적인 이미지를 생성할 수 있는 StyleGAN 및 BigGAN이 있습니다. CartoonGAN 도구를 사용하면 이미지를 만화로 변환할 수 있습니다.

① ㅁ안에 그림에 대한 문장 또는 단어를 영어로 입력
② 의 Image 클릭

[그림7-5] DeepAI 화면과 사용순서

2. 윔보(WOMBO)

윔보는 기존 사진을 만화나 모조 그림으로 변환할 수 있을 뿐만 아니라 복잡한 알고리즘을 사용해 단어와 문구를 독특한 예술 작품으로 바꿀 수 있습니다. 이 도구를 사용하면 다양한 예술 스타일 중에서 선택하거나 미래 지향적인 풍경을 선택할 수 있습니다.

① Enter prompt에 그림에 대한 문장 또는 단어를 영어로 입력
② Art Style 선택
③ Create 클릭

[그림7-6] WOMBO 화면과 사용순서

파이썬 AI 조교

클래스포에듀 전문 강사 김봉한

생성형 AI 서비스인 챗GPT를 이용하여 파이썬 프로그래밍 언어를 배우는 학생들이 제출한 소스 코드(source code)에 대한 개별학습지도 제공 방법을 제시하고, 오픈AI API와 구글 시트를 이용하여 많은 데이터를 효과적으로 처리하는 방법을 소개합니다.

- 적용 가능 학년: 중등 이상
- 활용 에듀테크: 챗GPT(ChatGPT), 오픈AI API(OpenAI API),
  구글 시트(Google Sheet)

1. 연구의 시작

가. 파이썬 수업에서 개별학습지도 자동화 필요

파이썬 프로그래밍 언어 수업을 진행하는 교사로서, 학생들에게 제공하는 개별학습지도는 강사에게 큰 만족감을 주는 일 중 하나입니다. 테스트 코드를 생성하여 소스 코드의 검증을 진행합니다. 그러나 소스 코드가 복잡하고 길어지면 개별학습지도를 제공하는 데 많은 시간이 소요됩니다.

학생들에게 개별학습지도를 제공하기 위해 다음의 평가 요소에 대한 정보를 준다면 어떨까요?

```
1. 코드가 실행되는가?
2. 원하는 결과를 출력하는가?
3. 오류가 없는가?
4. 'GNU Naming Convention'을 따르는가?
5. 코드 분석이 가능한가?
6. 개선할 부분이 있는가?
7. 알고리즘, 시간복잡도, 공간복잡도 등 코드의 성능이 만족스
   러운가?
```

[표8-1] 평가 요소

    교사의 수업 진행 방식에 따라 평가 요소에 대한 추가 요소가 필요할 수 있지만, 위 평가 요소에 대한 평가를 진행하는 것만으로도 상당한 시간이 소요됩니다. 하지만 교사와 학생이 모두 이런 평가 요소에 대한 정보를 제공받을 수 있다면, 시간과 노력을 효율적으로 활용하여 학생 개별학습지도가 가능할 것입니다. 이를 위해 평가 요소에 대한 평가 정보를 쉽게 파악할 수 있는 방법이 없는지 연구해 볼 필요가 있습니다.

2. 연구의 방향

생성형 AI 서비스인 챗GPT(ChatGPT)[75]를 활용하여 평가 요소에 대한 정보를 얻을 수 있는 최적의 프롬프트(Prompt)를 작성하고, 이를 기반으로 구글 시트[76]에서 오픈 AI API(OpenAI API)[77]를 사용하여 자동화하여 효율적으로 학생들에게 개별학습지도를 제공할 수 있는 방법을 연구하고자 합니다.

3. 연구의 내용

오류 수정 및 개선이 필요한 소스 코드를 가지고 앞에서 언급한 평가 요소에 대한 프롬프트를 작성합니다. 그리고 챗GPT의 응답을 확인한 후, 챗GPT에서 제공하는 오픈AI API와 구글 시트를 이용하여 평가 요소에 대한 정보를 얻는 과정을 자동화합니다.

가. 챗GPT를 사용하여 개별학습지도 정보 만들기

(1) 오류 수정 및 개선이 필요한 소스 코드: 다음은 'n번째 피보나치 수를 구하는 소스 코드'입니다. 한 개의 오류와 개

---

75) chat.openai.com
76) sheet.new
77) platform.openai.com

선이 필요한 코드입니다.

```
n = int(input("Enter the nth Fibonacci number you want
to know. "))
fib = []

for i in range(n):
    if i < 2:
        fib.append(i)
    else:
        fib.append(fib[i-1] + fib[i-1])

print(fib[-1])
```

[표8-2] 오류 수정 및 개선이 필요한 소스 코드

오류는 'fib[i-1] + fib[i-1]' 부분으로 앞의 한 수만 두 번 더합니다. 올바른 코드는 앞의 두 수를 더하는 'fib[i-1] + fib[i-2]'입니다. 개선해야 할 부분은 클래스, 함수, 변수의 이름을 지을 때 'GNU Naming Convention' 명명법을 따라야 합니다. 코드 실행에는 문제는 없지만, 이름을 잘 지어주면 코드 읽기와 이해를 쉽게 해줍니다.

챗GPT를 활용하여 프롬프트를 작성하고 응답을 확인해 보겠습니다. 챗GPT는 언어모델에 특화되어 있어 영어로 프롬프트를 작성하면 좋은 답변을 받을 수 있습니다. 따라서, 프롬프트를 영어로 작성하기 위해 챗GPT 자동 번역기인 프

롬프트 지니[78])를 사용하면 좋습니다. 이제 탐구를 시작해 보
겠습니다.

(2) 오류 찾기[79])

봉한 너는 파이썬 전문가.
아래의 코드는 n번째 피보나치 수를 구하는 것이다.
실행 시 오류가 있는지 알려줘.
오류가 없다면 "오류 없음" 표시해 줘.

```
'''
n = int(input("Enter the nth Fibonacci number you want
to know. "))
fib = []

for i in range(n):
    if i < 2:
        fib.append(i)
    else:
        fib.append(fib[i-1] + fib[i-1])
```

---

78) 크롬 확장프로그램으로 크롬 웹 스토어에서 '프롬프트 지니'로 검색 후 추가
    합니다. 챗GPT를 쓸 때 질문을 영어로 번역해 주고, 답변도 한글로 번역해 주
    는 번역기입니다.
79) 프롬프트 지니를 이용하면 질문과 응답이 영어와 한국어로 같이 표시됩니다.
    질문과 응답에서 영어 부분은 빼고, 응답이 긴 경우 줄임 표시를 이용해 줄이
    고 필요한 부분만 표시하겠습니다.

```
print(fib[-1])
'''
```

🔵 예, n번째 피보나치 수를 계산할 때 코드에 오류가 있습니다.
for 루프의 else 문에서 코드는 동일한 요소를 두 번 추가합니다. 즉, fib 목록의 마지막 두 요소(즉, fib[i-1] + fib[i-2])

올바른 코드는 다음과 같아야 합니다.
...

[표8-3] 오류 찾기 대화 내용

어렵지 않게 오류(fib.append(fib[i-1] + fib[i-1]))를 찾고 문맥에 맞는 코드(fib.append(fib[i-1] + fib[i-2]))를 제시해줍니다. 만약 오류가 있는데 오류를 찾지 못할 경우, 일일이 코드를 실행하여 디버깅을 통해서 찾아야 합니다.

(3) 입력값에 대응하는 출력값 확인하기

🔲 **1을 입력했을 때 0이 출력되고, 4를 입력했을 때 2가 출력되는지 확인해줘.**

🔵 아니요, 원래 코드는 1의 경우 0, 4의 경우 2의 올바른 값을 출력하지 않습니다.

입력값이 1이면 if 문이 fib 목록에 0을 추가한 다음 루프가 종
료되어 fib 목록의 마지막 요소가 출력되기 때문에 코드는 0을
출력합니다. 0.
입력값이 4이면 코드는 2 대신 1을 출력합니다. 이는 코드가
[0, 1, 1, 1, 2, 3]. 따라서 fib 목록의 마지막 요소인 2가 3이
아니라 출력됩니다.
1에 대해 0, 4에 대해 2의 올바른 값을 출력하려면 코드를 다
음과 같이 수정해야 합니다

[표8-4] 입력값에 대응하는 출력값 확인 대화 내용

소스 코드를 실행하여 4를 입력하면 fib에는 [0, 1, 2, 4]
가 저장됩니다. 1일 때 0 출력은 맞았는데, 4일 때는 전혀
다른 값을 알려줍니다. 원하는 출력값이 아닌 것을 알려 주
지만, 설명이 올바르지 않습니다.

(4) ´GNU Naming Convention´ 확인하기

▨ 위 코드에서 'GNU Naming Convention' 명명법을 적용해
야 하는 이름을 찾고, 알맞은 이름을 알려줘.

⑥ 위의 코드에서 변수 이름 fib는 GNU 명명 규칙 명명 규칙
을 따라야 합니다.
GNU 명명 규칙을 따르는 이 변수에 적합한 이름은
´fibonacci_sequence´입니다. 이 이름은 변수의 목적을 보다 잘
설명하며 규칙에 따라 이름의 두 단어를 밑줄로 구분합니다.

[표8-5] 'GNU Naming Convention' 확인 대화 내용

코드에 사용된 변수는 n, i, fib 총 3개입니다. 보통의 경우 변수명은 n, i 대신 의미를 알 수 있는 number나 index 단어를 사용합니다.

(5) 코드 분석하기

봉한 **코드를 분석해줘.**

🤖 ...

이 프로그램은 for 루프를 사용하여 fib 목록을 첫 번째 n 피보나치 수로 채웁니다.

루프는 n번 실행되고 반복할 때마다 프로그램은 인덱스 i가 2보다 작은지 여부를 확인합니다.

i가 2보다 작으면 프로그램은 i를 fib 목록에 추가합니다.
i가 2보다 크거나 같으면 프로그램은 fib 목록에 있는 이전 두 용어의 합계를 목록에 추가합니다.
...

[표8-6] 코드 분석 대화 내용

작성된 코드를 잘 설명해 주고 있습니다. 읽는 것만으로도 코드를 충분하게 이해할 수 있습니다. 그러나 수정 전 소스 코드에 대해서 분석을 해줘야 하나, 수정된 코드를 설명해 주고 있습니다.

(6) 코드 개선하기

[표8-7] 코드 개선 대화 내용

이대로 학생에게 개별학습지도가 가능할 정도로 오류 및 개선해야 할 부분들이 잘 설명되어 있습니다. 최적의 코드는 아니지만, 코드를 작성한 학생의 수준에 맞는 내용입니다.

(7) 개별학습지도 내용

평가 요소에 대한 챗GPT의 응답을 다섯 가지를 확인해 보았습니다. 일부 잘못된 정보가 포함되어 있어 모든 응답이 좋은 것은 아니었으나, 개별학습지도에 필요한 평가 요소 정보는 충분했습니다. 또한 '코드 개선' 부분에 대한 응답은 고칠 부분이 없을 정도로 개별학습지도에 충분한 평가 요소 정보였습니다. 글로 지도 내용을 전달하는 것도 좋지만, [그림8-1]처럼 코드 뒤에 첨삭하는 방법을 사용하여 구체적인 수정 사항을 안내하는 것도 좋습니다.

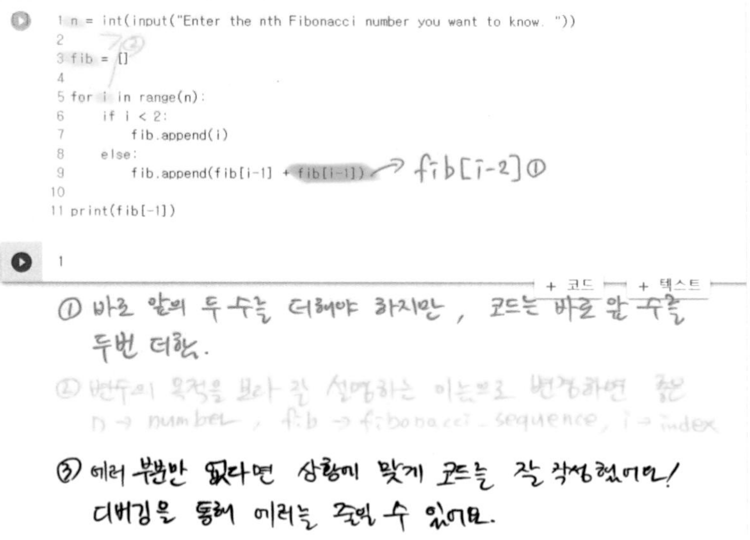

[그림8-1] 코드 위에 개별학습지도 첨삭

(8) 더 나아가기

프롬프트에 '리팩토링[80] 및 최적화해 줘'라고 하면, 함수를 만들어서 문제를 해결하는 방법, 재귀 함수[81]를 활용하는 방법, 다이나믹 프로그래밍[82]을 활용하는 방법도 알려주면 보다 정교화하여 활용할 수 있습니다.

나. 오픈AI API와 구글 시트를 이용한 자동화

챗GPT에서 프롬프트를 작성하고 코드를 복사해서 붙여 넣기 하는 데도 시간이 오래 걸립니다. 하지만 오픈AI에서 제공하는 오픈AI API를 이용하면 필요한 프롬프트를 작성하기만 해도 구글 시트나 다른 프로그래밍 언어를 통해 자동화할 수 있습니다.

구글 시트에서 챗GPT를 쉽게 사용하기 위해서는 오픈AI에서 제공하는 API KEY[83]와 구글 시트 확장프로그램인 GPT for Google Sheets and Docs[84]가 필요합니다.

---

80) 리팩토링(Refactoring): 소프트웨어 공학에서 '결과의 변경 없이 코드의 구조를 재조정함'을 뜻합니다.
81) 재귀 함수(Recursive function)는 함수가 자기 자신을 호출하는 것을 의미합니다.
82) 다이나믹 프로그래밍(Dynamic Programming) 및 은 최적화 문제를 해결하는 데 사용되는 알고리즘 설계 기법입니다.
83) API KEY - platform.openai.com > 오른쪽 상단 Personal 클릭 > View API keys 클릭 > 생성된 키와 'Create new secret key' 버튼을 눌러 생성함.
84) GPT for Google Sheets and Docs - 구글 시트에서 상단 확장 프로그램 > 부가기능 > 부가기능 설치 > chatGPT 검색 후 'GPT for Google Sheets and Docs' 설치함.

(1) 구글 시트로 작성한 템플릿 문서 가져오기

크롬 주소창에 'bit.ly/44x9OXI'[85] 주소를 입력하고, 사본 만들기 버튼을 클릭하여 템플릿 문서를 복사합니다.

(2) 프롬프트 작성 및 이메일, 소스 코드 입력하기

이메일과 소스 코드를 입력하고, 프롬프트(역할, 소스 코드 설명, 질문, 요구사항 등)를 작성하는 것으로 끝납니다. 프롬프트는 영어로 자동으로 번역되며, 소스 코드와 결합하여 최종 프롬프트가 생성됩니다. 구글 시트에서는 이메일 정보를 활용하여 메일 머지 기능을 사용할 수 있지만, 이 글에서 생략합니다.

(3) GPT 및 GOOGLETRANSLATE 함수 설명

GPT(prompt, [value], [temperature], [max_tokens], [model])
prompt: 프롬프트를 포함하는 텍스트, 셀 또는 범위입니다.
[value]: 메시지를 적용할 텍스트, 셀 또는 범위입니다.
[temperature]: 0~1 사이의 숫자. 창의성을 제어하는 데 사용합니다. 엄격 <> 창의적
[max_tokens]: 0~모델 제한 사이의 숫자. 요청 시간 초과 에

---

85) bit.ly/44x9OXI 공유된 구글 시트 템플릿 주소.

러가 나면 줄이고, 응답이 잘리면 늘립니다.

[model]: 기본값은 gpt-3.5-turbo입니다. gpt-4, gpt-4-32k, text-davinci-003등을 선택적으로 사용합니다.

시트에 사용된 GPT 함수
오류 체크 =if(or($C5="",$D5=false), "", GPT(E$3 & "'''" & $C5 & "'''",,,3000))

소스 코드가 없거나 실행 여부가 체크가 안 되어 있으면 공백 표시하고, 아닐 경우 GPT(최종 프롬프트, value는 없고, 창의성 제어는 기본값인 0, 맥스 토큰은 3000, 모델은 기본값인 gpt-3.5-turbo) 함수를 실행합니다. 간단하게 오류 내용을 보고 싶어 temperature는 0으로 설정했습니다. 그리고 맥스 토큰을 설정하지 않을 경우 Error가 표시됩니다.

GOOGLETRANSLATE(텍스트, [출발어], [도착어])
텍스트를 한 언어에서 다른 언어로 번역합니다.

시트에서 사용된 GOOGLETRANSLATE
한국어 번역 =if(E5="", "", GOOGLETRANSLATE(E5, "en", "ko"))

E5 셀이 공백이면 공백 표시하고, 아니면 E5 셀의 영어를 한국어로 번역합니다.

[표8-8] 구글 시트에 사용된 GPT, GOOGLETRANSLATE 함수

(4) 웹과 구글 시트에서의 챗GPT 사용 차이점

챗GPT의 결과물을 웹에서 확인하는 것과 구글 시트에서 확인하는 것 사이에는 조금의 차이가 있습니다. 한국어로 번역하는 과정에서 프롬프트 지니와 구글 번역의 차이로 인해 구글 시트에서는 영어로 된 내용을 함께 확인해야 합니다.

4. 연구의 한계

처음엔 챗GPT를 활용하여 정확한 프롬프트를 만들어 개별학습지도를 제공하는 것을 연구 주제로 삼았습니다. 파이썬 프로그래밍 언어 수업을 진행하는 교사보다 더 나은 서비스를 제공할 것으로 기대하였으나, 챗GPT의 응답을 검증하는 과정에서 잘못된 정보가 생각보다 많이 포함된다는 것을 확인하였습니다. 챗GPT는 대체로 좋은 서비스를 제공하지만, 일부 학생들은 잘못된 정보를 받을 수 있어서 챗GPT를 학생들이 직접 활용하는 수업을 하기는 어렵다고 판단하였습니다. 그래서 학생들에게 챗GPT가 제공하는 평가 요소에 대한 정보를 토대로 개별학습지도를 제안하는 것이 좋겠다는 생각으로 연구 방향을 수정하였습니다. 이를 위해 평가 요소에 대한 정보를 활용하여 개별학습지도를 해야 하는 상황에서는, 학생이 직접 하는 프롬프트 엔지니어링으로는 어렵다고 생각됩니다.

5. 제안

챗GPT와 구글 시트를 사용하여 학생들의 개별학습지도를 제안하는 목표는 일부 달성되었지만, 사용자 경험 측면에서 접근성과 사용성이 떨어집니다. 구글 시트에서 구글 번역을 사용했으나 번역 질이 좋지 않아 가독성이 떨어집니다.

그러므로 웹 또는 스마트폰 앱을 통해 데이터 처리 및 접근성을 개선하고, 프로그래밍 언어에서 이용할 수 있는 번역의 질이 우수한 서비스를 사용하는 것과 시각적이고 직관적인 표시가 가능한 라이브러리를 활용하여 정보를 가공하고 요약하는 것을 제안합니다.

IV. AI로 성장하는 교사, 교사의 역량개발

　　교육에 종사하는 사람들은 무언가를 학습하고 익히는 것을 좋아합니다. 다른 직종 대비하여 평균적인 학력이 높으며, 여러 가지 지식에 대해 익히고 그것을 나누는 데 익숙한 직업입니다. 배우고 가르치는 방법은 시간의 흐름에 따라 지속 발전해오며 배움의 시공간을 없애는 편의를 제공하기도 하며, 지식의 습득과 활용을 쉽게 만들어 주기도 했습니다. 생성형 인공지능의 등장 역시도 마찬가지입니다.

　　이번 장에서는 세 가지 이야기가 다루어집니다. 우선, 교사의 업무를 경감하고 업무 효율화를 달성하는 'AI로 학교생활기록부 문장 생성하기'가 다루어집니다. 여기에서는 구글 시트와 '오픈 AI'에서 제공하는 API 키를 활용하여 업무 효율화를 위한 프로그램 따라 하기 내용이 탑재되어 있습니다. 다음으로 안드로이드 기반의 모바일 환경에서 출퇴근길 영어를 익히는 최적의 방안을 제안하는 영어 회화 학습법이 소개됩니다. 끝으로 교육대학원 등에서 이루어지는 연구를 진행할 때 설계에 도움을 받고 정교화할 수 있는 논문에서의 보조적 역할의 가능성에 대해 탐색해봅니다. 이상의 내용을 바탕으로 교사의 성장에 인공지능이 어떤 도움을 줄 수 있는지 같이 한 번 알아봅시다.

AI로 학교 생활기록부 문장 은행 만들기

솔빛초 교사 소민영

> 학교 현장에서 교사들이 가장 공을 들이고 있는 영역 중 하나이며 해마다 학기 말에 고민이 깊어지는 부분은 생활기록부 작성입니다. 챗GPT를 이용한다면 창작의 고통에서 벗어나 생활기록부에 사용할 수 있는 양질의 문장을 얻을 수 있습니다. 오픈AI API를 소개하고 이를 구글 시트에서 사용하는 방법을 소개합니다.
>
> - **적용 가능 학년 · 과목: 초 · 중등**
> - **활용 에듀테크: 구글 시트(Google sheet),**
>   **챗GPT(ChatGPT), 오픈AI API(OpenAI API)**

1. 문제의 시작

가. 생활기록부에 대한 교사들의 의무와 고민

생활기록부는 교사들의 평가가 담긴 문서이자 학생들의 학교생활에 대해 말해주는 지표로서, 만약 특정인이 학교 폭력 등의 이슈가 생긴다면 언론에서는 과거 생활기록부에 담긴 내용들을 조명하기도 하는 등 객관적인 지표로서 공신력을 인정받고 있습니다.

또한 생활기록부의 보존 기한은 반영구적으로 보관되고

있습니다.[86] 따라서 교사는 생활기록부를 공정하게 써야 할 의무를 짊어지고 학생 개개인의 특징을 짚어내어 문장을 쓰고자 노력하고 있으나 때로는 이것이 부담되기도 합니다. 챗GPT(ChatGPT)는 적절한 프롬프트를 활용하여 사용자 맞춤형 문장을 도출할 수 있어, 해마다 학생 개개인에게 알맞은 특성을 써야 하는 생활기록부의 문장을 쓰는 데 유용합니다.

2. 연구의 방향

가. 생활기록부에 사용하고자 할 때 챗GPT의 한계

챗GPT 사이트에서 생활기록부를 쓰고자 할 때 한계에 부딪힌 부분은 다음과 같습니다.

(1) 학생의 여러 특성을 입력해도 800자 예시의 줄글 형식으로 완성도 있는 문장이 나오지 않았습니다. 학생의 특성을 '학습 능력', '사회성', '학교생활' 등 다양한 측면에서 입력하고 문장을 도출하려고 했을 때 여러 문제가 있었습니다. 줄글의 형태로 문장을 도출하고자 했지만 챗GPT는 범주화된 형태로 대답하였고, 이를 다시 줄글의 예시를 입력하여 학습시키고 원하는 형태로 도출하고자 했을 때도 여러 번

---

86) "<학교생활기록 작성 및 관리지침>", (교육부훈령 제365호, 2021), <국가법령정보센터>, law.go.kr/LSW/main.html(접속일자:2023.5.19.).

챗GPT는 범주화된 형태로 결과를 내놓았습니다. 이는 '생활기록부'라는 형식에 대해 챗GPT가 정확하게 인지하지 못해서 생기는 문제라고 생각됩니다.

(2) 우리나라 생활기록부의 내용과 다소 연관성이 떨어진 문장들이 도출되었고 다음과 같은 문제도 발견되었습니다.

① 직설적인 표현으로 단점을 제시함.

학생의 단점을 나열하되 성장의 가능성을 담은 우리나라 생활기록부의 정형화된 문장을 학습시켜도 비슷한 형식의 결과로 나오지 않았습니다.

② 명사형 종결어미('-ㅁ')로 끝낼 수 없음.

비슷한 예시를 여러 번 학습 시켜도 '-ㅁ'으로 끝낼 수 없었습니다. (API[87])를 적용했을 때 기본 모델인 GPT-3.5-turbo에서는 불가능했으나, GPT-4인 경우에는 명사형 종결어미를 프롬프트로 주었을 때 '-ㅁ'으로 문장이 도출되었습니다. GPT-4부터는 명사형 종결어미로 문장을 끝내는 것은 가능해졌습니다만, GPT-3.5-turbo보다 요금이 더 비싸므로 취사선택할 필요가 있습니다.)

---

87) 자세한 내용은 다음 쪽 참고

나. 오픈AI API(OpenAI API) 도입

위에서 이야기한 것처럼 챗GPT를 이용하여 우리나라에서 사용되는 형식의 생활기록부 문장을 도출하여 그대로 사용하는 것에는 아직 한계가 있습니다. 따라서 학생들의 다양한 특성을 '매우잘함', '보통', '노력요함' 또는 '상', '중', '하'로 평가한 것에 따라 문장으로 만들어 골라 사용할 수 있는 챗GPT의 기능을 제시하고자 합니다. 이를 위해 다양한 응용프로그램에 확장하여 사용할 수 있는 효율적인 방법인 오픈AI API 사용법에 대해 알아보겠습니다.

API는 Application Programming Interface(응용 프로그램 인터페이스)의 약자로, OpenAI 사이트에서 제공하는 API Key를 이용하면 챗GPT 홈페이지에 접속하지 않고도 다양한 애플리케이션에서 프롬프트를 입력하고 결과를 받을 수 있습니다. API는 사용량과 사용 기간에 따라 유료 요금 정책[88]의 적용을 받으며, 챗GPT-3.5 제품군에서 가장 성능이 좋고 비용 효율적인 모델인 GPT-3.5-turbo 모델을 기본으로 사용합니다. 최신 모델인 GPT-4 모델보다 낮은 버전의 답변을 제공받지만 대화형 채팅 입력 및 출력에 최적화된 모델로 이용에는 크게 어려운 점이 없습니다.

---

88) OpenAI에서는 2023년 5월 기준 새로 가입한 사용자들에게 3개월 동안 5달러만큼 사용할 수 있는 무료 크레딧을 제공하고 있습니다. 이 정책은 유동적이므로 OpenAI 사이트에서 사용 시점의 정책을 확인하는 것이 좋습니다.

API의 이용 가격은 챗GPT-3.5-turbo를 기준으로 1,000 토큰당 0.002달러(약 3원)입니다. 5달러를 이용한다면 250만 토큰까지 이용할 수 있습니다.[89] 1,000개의 토큰은 알파벳 약 750자에 해당합니다.[90] 각 문장의 정확한 토큰의 개수 는 platform.openai.com/tokenizer에 접속하여 문장을 입력 하면 확인할 수 있습니다. (단, GPT-4의 요금은 GPT-3.5-turbo 보다 1,000 토큰당 10배 이상 비쌉니다.)

(1) 오픈AI API 키 발급하기
① platform.openai.com에 접속하여 로그인합니다.
② 오른쪽 상단의 계정을 눌러 'View API keys'를 클릭합니다.

[그림9-1] 오픈AI 사이트에서 'View API keys' 누르기

89) "[MTN 현장+]'봉이 김선달' 챗GPT로 달려가는 韓스타트업…황금알 낳으려 면", <MTN뉴스>, 2023.03.22., https://news.mtn.co.kr/news-detail/2023032212 033791763 (접속일자:2023.05.04.).
90) platform.openai.com/docs/quickstart/pricing (접속일자:2023.05.19.).

③ API keys에서 '+ Create new secret key'를 눌러 API 키를 발급받습니다.

[그림9-2] ①, ②를 순서대로 눌러 API 키를 발급받기

④ 복사 버튼을 눌러 복사합니다. 이때 발급받은 API 키는 개인의 고유 키이므로 외부에 유출되지 않도록 주의합니다. 또한 오픈AI 사이트에서도 한 번만 보여주고 다시 보여주지 않기 때문에 다른 곳에 잘 메모하여 저장해 둡니다.

Create new secret key

Please save this secret key somewhere safe and accessible. For security reasons, **you won't be able to view it again** through your OpenAI account. If you lose this secret key, you'll need to generate a new one.

sk-VeAwuGikNvdboLUFtfVDT3BIbkFJeaJT5NCSw6tKKdbRH7v

Done

[그림9-3] 오른쪽 복사 버튼을 눌러 API 키를 복사하기

(2) 구글 시트에서 확장 프로그램 - 부가기능 'GPT for Sheet™ and Docs™'을 설치하기

[그림9-4] 부가기능 설치하기

① 구글 시트에 들어가91) '확장 프로그램' – '부가기능 설치하기'를 클릭합니다.

[그림9-5] 검색창에 'GPT'를 입력하여 나오는 API 확장 프로그램 설치하기

② 'GPT'라고 검색하면 나오는 'GPT for Sheet™ and Docs™'를 클릭하여 설치합니다.

91) sheet.new

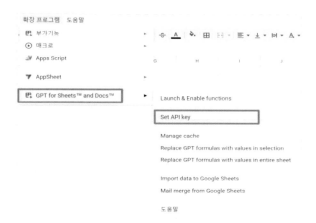

[그림9-6] Set API key - 오픈AI 사이트에서 얻은 API key 입력하기

③ '확장 프로그램' - 'GPT for Sheet™ and Docs™'
- 'Set API Key'를 누르고 복사한 API 키를 입력합니다.

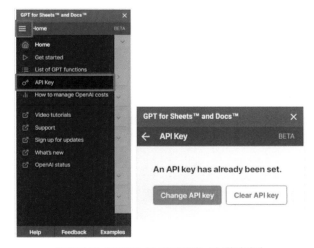

[그림9-7] API키가 잘 입력되었는지 확인하기

④ 'Home' 왼쪽 상단의 바를 눌러 'API Key'를 들어갔을 때, 다음과 같이 'An API key has already been set'이라는 문구가 뜨면 API 키가 성공적으로 입력된 상태입니다.

다. 생활기록부 문장 은행 소개

(1) 챗GPT가 분류한 학생 특성 정리

다음과 같이 챗GPT와 이야기를 나눈 내용을 토대로 생활기록부 문장 은행에 넣을 카테고리를 선정하였습니다. 여기서 도출된 키워드를 생활기록부 문장 은행에 넣어 문장을 만들어 쓸 계획입니다.

> 생활기록부를 작성하는 교사로 각 학생의 특성을 요약해보려고 한다면, 어떤 카테고리로 묶을 수 있는지 분류해 줘.

> 학생들의 특성을 분류할 수 있는 카테고리는 다양하지만, 일반적으로 다음과 같은 항목들로 나누어 볼 수 있습니다:
> 1. 학습능력: 학습에 대한 관심과 호기심, 학습 태도, 학습 속도, 학습 스타일 등
> 2. 인격: 성격, 행동, 태도, 자기 통제 능력, 자기 인식 등
> 3. 사회성: 대인관계, 친화력, 협동심, 리더십 등
> 4. 체력: 신체 건강 상태, 운동 능력 등
> 5. 예술, 스포츠 등의 특기 또는 관심사: 음악, 미술, 연극, 무용, 운동 등의 분야에서의 재능, 관심 등
> 6. 학교생활: 출석, 참여도, 학교 규칙 준수도, 질서 유지 등

[표9-1] 챗GPT에서 생활기록부를 작성하기 위한
학생의 특성 범주화하기 예시 답변 발췌

(2) 구글 시트에 쓰인 함수 소개

1. IF 함수

: API의 실행 여부를 IF 함수와 체크박스를 통해 통제할 수 있습니다. 토큰 사용량을 제한하기 위해 추천합니다. 체크박스를 누르지 않았을 때 API가 실행되지 않도록 설정합니다. 체크박스에 표시된 경우, 구글 시트에서는 '참'이라고 인식합니다.

<입력 방법>

=if(조건문, 조건문이 참일 경우 실행, 조건문이 거짓일 경우 실행)

=if($B$2,GPT_LIST(A1:E2,D3:E3),"") - B2 셀의 값이 '참'일 때, GPT_LIST(A1:E2, D3:E3)를 실행시켜 줘.

(조건문이 거짓일 경우는 ""로 입력하여 아무것도 실행되지 않도록 합니다.)

절대참조는 셀이나 범위에 대한 참조영역을 절대적인 셀주소 그대로 참조하는 것입니다.
표기 방식: $1과 같이 열, 행번호 앞에 $ 기호를 붙입니다. (예. $B$2)
특징: 참조가 절대위치이므로, 다른 곳에 복사해도 참조위치가 바뀌지 않습니다.

2. GOOGLETRANSLATE 함수

: API를 사용하여 결과가 나올 때 종종 영어로 나올 수 있습니다. 이는 API를 입력할 때 한글로 입력한 프롬프트가 영어로 번역되어 챗GPT에 입력되고, 결괏값이 영어로 나온 것을 다시

한글로 번역되는 과정을 거치기에 발생할 수 있습니다. 따라서 영어로 나온 결과를 한글로 번역하기 위해 GOOGLETRANS LATE 함수를 사용합니다.

<입력 방법>

=googletranslate(해당 셀, 기본 언어, 변환하고자 하는 언어)

=googletranslate(해당 셀, "en","ko")

- 해당 셀의 내용을 '영어'에서 '한국어'로 번역하고 싶을 때 입력하면 입력한 셀에 번역한 내용이 나옵니다.

3. GPT 함수[92]

a. GPT 함수

구글 시트에 '=GPT(해당 셀)'이라고 입력하면 셀에 입력된 내용을 프롬프트로 인식하여 결과가 도출됩니다.

b. GPT_LIST 함수

'=GPT_LIST(프롬프트가 담긴 셀)'이라고 입력하면 결과가 여러 개 나올 때 한 셀에 모두 입력되는 것이 아니라 각 셀마다 입력되게 할 수 있습니다.

c. GPT_EDIT 함수

'=GPT_EDIT(해당 셀)'이라고 입력하면 셀에 담긴 문장의 맞춤법 등을 교정해줍니다. 이외에도 '=GPT_EDIT (해당 셀, 'add a next step')' 영어로 지시문을 만들어 입력하면 문장을 이어서 적어주는 등 에디터의 역할도 수행할 수 있습니다.

d. GPT_TAG 함수

'=GPT_TAG(프롬프트가 담긴 셀)'이라고 입력하면 해당 셀에 쓰인 문장을 분석하여 키워드로 정리해줍니다.

e. GPT_TABLE 함수

'=GPT_TABLE(프롬프트가 담긴 셀)'이라고 입력하면 내가
원하는 결과를 완성된 표의 형태로 보여줄 수 있습니다. 예를
들어 주간 영어 공부 계획표를 짜달라고 하면 월요일부터
일요일까지의 계획을 표로 정리해서 제시해줍니다.

[표9-2] 구글 시트에 쓰인 함수 소개

(3) 생활기록부 시트 생성

	A	B	C
1	PROMPT	실행	작업
2		☑	교사로서 '학생'의 생활기록부 항목에 대한 예시 문장 생성
3			
4			결과 =if($B$2,GPT_LIST(A1:E2,D3:E3),"")
5			학생이 리더십을 발휘하여 동기부여를 하고, 팀워크를 이끌어내며, 협업을 잘 이끌어낸다.
6			학생은 팀원들의 의견을 잘 수렴하며, 갈등을 조율하여 팀워크를 유지시킨다.
7			학생은 자신의 역할을 잘 수행하면서도, 팀원들의 역할도 잘 파악하여 협업을 이끌어낸다.
8			학생은 리더십을 발휘하여 프로젝트를 성공적으로 이끌어냈으며, 팀원들의 신뢰를 얻었다.
9			학생은 자신의 리더십 능력을 발휘하여, 팀원들이 더 나은 결과물을 만들 수 있도록 동기부여를

	D	E
1	조건	길이
2	평가 결과가 '보통', '낮음'인 경우 긍정적인 내용을 덧붙여 끝내기 글을 쓰는 주체를 밝히지 않기 평가 결과를 구체적인 예시를 들어 말하기 문장으로 작성하기	길게
3	리더십	우수
4	키워드 =if($B$2,GPT_TAG(C5),"")	번역=googletranslate(D5,"en","ko")
5	leadership, motivation, teamwork, collaboration	리더십, 동기 부여, 팀워크, 협업
6	ollaboration, leadership, interpersonal skills, cooperation, gro	커뮤니케이션, 협업, 리더십, 대인 관계 기술, 협력, 그룹 역학, 등
7	teamwork, collaboration, leadership, responsibility	팀워크, 협업, 리더십, 책임
8	학생, 리더십, 프로젝트, 성공적, 이끌어내기, 팀원들, 신뢰	""
9	education, leadership, teamwork, motivation, student	교육, 리더십, 팀워크, 동기 부여, 학생

[그림9-8] 챗GPT를 이용하여 API를 적용해 만든 생활기록부 문장 은행 시트

---

92) "챗GPT 함수로 이런것도 된다구? 업무 자동화 총정리!!", <유튜브 채널: 런빌
드>, youtu.be/8mkvyl8_4lk, (접속일자:2023.05.04.).

실제 실행 모습	<'bit.ly/생기부문장은행'으로도 접속 가능합니다.>	생활기 록부 문장 은행 예시	<GPT 함수는 해제된 상태입니다..>

[그림9-9] 생활기록부 실제 실행 모습 및 예시

① 실행 버튼(체크박스) 만들기 – '삽입' 탭에서 '체크박스'를 클릭하면 만들 수 있습니다. 체크가 된 경우는 'TRUE(참)', 체크가 되지 않은 경우는 'FALSE(거짓)'로 인식합니다.

[그림9-10] 체크박스 만들기

② 각 셀의 내용 정리하기

셀 이름	설명
A1:E2	프롬프트가 쓰인 부분입니다. 각 항목은 '실행', '작업', '조건', '길이'로 이루어져 있습니다. **실행(B2)**: 실행 버튼을 만들어 GPT의 실행을 통제합니다. **작업(C2)**: GPT에게 교사로서 '학생'을 평가하는 문장을 생성하도록 하였습니다. **조건(D2)**: 여러 시행착오를 거치며 수정한 조건들을 넣었습니다. 조건을 구체적으로 넣으면 더 정교한 결과가 나옵니다. **길이(E2)**: 문장의 길이를 '길게' 설정하였습니다.
D3:E3	D3 셀에는 평가 항목(예. 리더십), E3 셀에는 평가 결과(예. 우수)를 넣었습니다. 위에서 먼저 설명한 A1:E2 셀에 '실행', '작업', '조건', '길이' 항목에 쭉 이어서 '평가 항목'과 '평가 결과'라고 입력할 수도 있었지만, 이처럼 별개의 셀에 '리더십'과 '우수'라고 넣어 A1:E2, D3:E3을 모두 고려한 문장을 생성해달라고 하는 것이 경험상

생활기록부에 알맞은 더 매끄러운 문장이 나왔습니다. 이렇게 입력하는 것이 GPT가 이해하기에 더 직관적인 것 같습니다.

결과 =if($B$2,GPT_LIST(A1:E2,D3:E3),"")
학생이 리더십을 발휘하여 동기부여를 하고, 팀워크를 이끌어내며, 협업을 잘 이끌어낸다.
학생은 팀원들의 의견을 잘 수렴하며, 갈등을 조율하여 팀워크를 유지시킨다.
학생은 자신의 역할을 잘 수행하면서도, 팀원들의 역할도 잘 파악하여 협업을 이끌어낸다.
학생은 리더십을 발휘하여 프로젝트를 성공적으로 이끌어냈으며, 팀원들의 신뢰를 얻었다.
학생은 자신의 리더십 능력을 발휘하여, 팀원들이 더 나은 결과물을 만들 수 있도록 동기부여를

C5	결과 =if($B$2,GPT_LIST(A1:E2,D3:E3),"") 조건문 함수 B2셀이 '참'이라면(체크박스에 체크가 되어있다면) GPT_LIST(A1:E2,D3:E3) 함수를 실행시켜달라는 입력입니다. 조건문이 '거짓'일 경우(체크박스에 체크가 되어 있지 않다면)는 ""로 입력(공란)하여 아무 변화도 일어나지 않도록 합니다. GPT_LIST 함수는 결괏값을 여러 셀에 한 줄씩 입력할 수 있도록 하는 함수입니다. A1:E2와 D3:E3를 연달아 입력하여 두 셀을 모두 프롬프트로 참고하여 결과가 나오도록 했습니다.

키워드 =if($B$2,GPT_TAG(C5),"")	
leadership, motivation, teamwork, collaboration	
communication, collaboration, leadership, interpersonal skills, cooperation, group dynamics,	
teamwork, collaboration, leadership, responsibility	
학생, 리더십, 프로젝트, 성공적, 이끌어내기, 팀원들, 신뢰	
education, leadership, teamwork, motivation, student	
D5	키워드 =if($B$2,GPT_TAG(C5),"") 조건문 함수 B2셀이 '참'이라면(체크박스에 체크가 되어있다면) GPT_TAG(C5) 함수를 실행시켜달라는 입력입니다. C5의 결과로 나온 문장을 토대로 키워드를 도출하도록 하였습니다. 이때, 결과가 영어로 나오거나 C5의 결과가 나오는 데 오래 걸리면 ERROR가 뜰 수 있습니다. 위의 표는 C5 셀에 C5부터 C9까지를 각각의 셀에 넣어 얻은 결과입니다. TAG 함수를 넣은 이유는 생활기록부 문장을 볼 때 문장에서의 키워드를 뽑아내면 키워드를 중심으로 각 학생의 특성에 맞는 문장을 적절하게 찾을 수 있기 때문입니다.
번역=googletranslate(D5,"en","ko")	
리더십, 동기 부여, 팀워크, 협업	
커뮤니케이션, 협업, 리더십, 대인 관계 기술, 협력, 그룹 역학,	
팀워크, 협업, 리더십, 책임	
"	
교육, 리더십, 팀워크, 동기 부여, 학생	

E5	번역 =googletranslate(D5,"en","ko") D5셀의 내용을 영어에서 한국어로 번역되도록 하는 함수입니다. 위의 표의 번역이라고 된 열에 해당하는 부분은 제시된 함수를 D5부터 D9까지로 각각의 셀에 넣어서 얻은 결과를 보여줍니다.

[표9-3] 생활기록부 문장 은행 각 셀의 내용 설명

3. 시행착오

가. 셀 D2의 내용을 중심으로 '조건' 살피기

- 평가 결과가 '보통', '낮음'인 경우 긍정적인 내용을 덧붙여 끝내고 이를 티 내지 않기
- 글을 쓰는 주체를 밝히지 않기
- 평가 결과를 구체적인 예시를 들어 말하기
- 문장으로 작성하기

[표9-4] 셀 D2에 담긴 '조건' 내용

조건문을 다음과 같이 설정한 이유는 여러 오류 수정을 거쳤기 때문입니다. 평가 결과를 '우수', '보통', '낮음'으로 넣었는데 '보통'과 '낮음'의 경우에는 단점만 직설적으로 적었기에 긍정적인 내용을 덧붙여 끝내라고만 했더니 긍정적인 내용으로 끝내라기에 '넣었습니다' 등의 사족이 생겨 넣게 되었습니다. 글을 쓰는 주체를 밝히지 말라고 한 이유는 '교사는 이 학생을 ~라고 평가했습니다.' 등의 문장으로 도출

되었기 때문입니다. 구체적인 예시를 들어 말하라고 하였더니 문장이 훨씬 다양하게 도출되었습니다. 문장으로 작성하라고 하지 않았더니 단어들을 나열하는 결과가 나왔기에 문장으로 작성하라는 단서를 덧붙였습니다.

나. 문장 은행으로 얻은 결과 정리

(1) 대인관계 – 아래의 표는 '결과', '키워드', '번역' 중 '**결과**'만을 정리해서 가져온 것입니다. '**대인관계**'와 '**우수**'로 입력하여 얻은 결과, 대인관계가 '보통'으로 평가한 경우와 '낮음'으로 평가한 경우에 함께 제시한 문장들이 나왔습니다. 또한 긍정의 내용을 덧붙여서 끝내라고 하였지만, 직설적인 내용으로 끝나기도 합니다.

> - 학생은 대화를 시작하기 쉽고, 상대방의 기분을 잘 파악하여 적절한 대화를 이끌어 나갑니다.
> - 학생은 팀 프로젝트에서도 원활한 협력을 보여주며, 다른 팀원들과의 관계도 좋습니다.
> - 학생은 다른 학생들과의 갈등을 조율하는 데 능숙하며, 학급 내 분위기를 좋게 유지하는 데 기여합니다.
>
> **대인관계 - 보통**
> - 학생은 대체로 친절하고 사교적으로 대인관계를 유지하지만, 때로는 다른 사람들과의 대화에서 소극적일 때가 있습니다.
> - 학생은 타인의 의견을 존중하지만, 때로는 자신의 의견을 내

세우지 못하는 경우가 있습니다.
- 학생은 대화를 시작하기 어렵고, 상대방의 기분을 파악하지 못할 때가 있습니다.

대인관계 - 낮음
- 학생은 대체로 사교적이지 않으며, 대화를 시작하기 어렵습니다.
- 학생은 타인의 의견을 존중하지 않을 때가 있으며, 때로는 다른 사람들과의 대화에서 무관심한 태도를 보입니다.
- 학생은 대화를 이끌어 나가지 못하며, 상대방의 기분을 파악하지 못할 때가 많습니다.
- 학생은 학급 내 갈등을 해결하지 못하고, 때로는 갈등을 더 심화시키는 경우가 있습니다.

[표9-5] '대인관계'와 '우수'로 입력하여 얻은 결과 중 일부 발췌함

(2) '자기 통제 능력' - '보통'으로 입력하여 얻은 결과, 챗GPT는 자기 통제 능력 이외의 '학업 성취도'로도 정리하여 제시하였습니다. 여러 번 GPT를 실행했을 때 매번 다른 결과가 나왔으며, 때로는 아래의 예시와 같이 다른 카테고리의 문장도 함께 제시되었습니다.

- 학생은 자신의 감정을 잘 조절하며, 어려운 상황에서도 침착하게 대처할 수 있습니다.
- 학생은 자신의 행동에 대해 책임감을 가지며, 자기 통제 능력이 뛰어나다는 점에서 칭찬받을 만합니다.
- 학생은 자신의 행동에 대해 깊이 생각하며, 타인에게 피해를 주지 않도록 주의 깊게 행동합니다.

자기 통제 능력 - 낮음

- 학생은 자신의 감정을 잘 조절하지 못하며, 어려운 상황에서도 급한 대처를 하곤 합니다.
- 학생은 자신의 행동에 대해 책임감이 부족하며, 자기 통제 능력이 떨어진다는 점에서 개선이 필요합니다.
- 학생은 자신의 행동에 대해 생각하지 않고 행동하는 경우가 있으며, 타인에게 피해를 줄 수 있습니다.

학업 성취도 - 보통

- 학생은 수업 시간에 집중력을 유지하며, 꾸준히 수업에 참여합니다.
- 학생은 시험을 준비할 때 충분한 시간을 투자하며, 성적이 일관되게 나오는 편입니다.
- 학생은 과제를 꼼꼼하게 수행하며, 성실하게 공부하는 모습을 보여줍니다.

학업 성취도 - 낮음

- 학생은 수업 시간에 집중력이 부족하며, 수업에 참여하지 않는 경우가 있습니다.
- 학생은 시험을 준비할 때 충분한 시간을 투자하지 않아 성적이 불안정한 경우가 있습니다.
- 학생은 과제를 대충 수행하거나, 제출 기한을 지키지 않는 경우가 있으며, 성실하지 않은 모습을 보여줍니다.

[표9-6] '자기 통제 능력'과 '보통'으로 입력하여 얻은 결과 중 일부 발췌함

4. 한계

가. API 요금제

API의 요금제는 현재 무료 토큰 5달러로도 충분하게 사용할 수 있으나 체험 기간이 3개월이라는 한계가 있습니다. API를 본격적으로 이용하려면 요금을 지불해야 합니다. 비용은 사용한 양에 비례하여 과금하게 되는데 앞서 말한 알파벳 750자에 3~4원 정도이므로 매우 저렴합니다.

나. 오류들

GPT의 답변 시간이 30초가 넘어가면 ①'오류'(#ERROR!)라고 뜨고 ②'Exceeded maximum execution'이라는 문구가 뜨며 ③작업이 중지됩니다. 미국 시각으로 GPT의 사용이 활발할 때(저녁 9시경) 빈번하게 발생합니다. GPT 함수보다 GPT_TAG 함수가 이 오류가 자주 뜨는 편입니다. 무료 토큰을 모두 소진했거나 무료 체험 기간이 끝난 경우에는 '#Error! You exceeded your current quota, please check your plan and billing details.'라는 문구가 뜨며 작동되지 않습니다.

항상 균일한 결과가 나오지는 않습니다. '4. 시행착오'에서 언급했듯이 교사의 입장에서 '학생'을 평가하는 문장으로 조건을 썼어도 '학생'이 아닌 '교사'를 평가하는 문장을 내놓거나 '3-나.'의 예시처럼 긍정의 내용으로 끝내라고 했으나 직설적인 내용으로 끝나는 등 원하는 결과가 나오지 않기도 했습니다. GPT 모델이 발전하며 개선될 것으로 생각됩니다.

5. 제안하는 점

여러 한계가 존재하지만, 구글 시트와 API를 결합하여 사용하는 것은 활용도가 뛰어나고 편리합니다. 단순히 여러 자료를 참고하여 생활기록부를 기록하는 것보다 여기서 제시하는 아이디어를 활용한다면 훨씬 다양하고 개개인에게 맞는 문장을 생산할 수 있을 것입니다. '행동 특성 및 종합의견' 작성뿐 아니라 교과 평가의 평어 작성 등에서도 도움을 얻을 수 있습니다. 예시에 나온 '리더십' 이외에도 앞서 GPT가 제시한 '규칙 준수', '자기통제능력', '대인관계' 등의 항목과 '우수', '보통', '낮음'으로 넣은 결과는 모두 유의미한 문장들이 나왔고 이를 충분히 학교 현장에서 사용할 수 있는 것으로 여겨집니다.

개인 맞춤형 AI 튜터로 영어 회화 실력 향상하기

영어 회화를 잘하려면 매일 매일 꾸준히 영어 회화 연습하면 됩니다. 그런데 경제적, 시간적, 정서적 이유로 영어, 특히 회화 학습을 하기가 어렵습니다. 기존 회화 학습의 어려움을 해결한 맞춤형(회화 주제 및 수준, 시간, 피드백 등) AI 기반 회화 서비스를 소개하고 활용 사례를 안내합니다.

- **적용 적합 대상:** 영어 B1~B2 레벨(CEFR[93] 기준) 혹은, 읽기, 듣기 능력은 중급이지만 말하기 수준은 완전 초급인 학습자
- **활용 에듀테크:** 스몰토크(SmallTalk.fyi), 챗GPT(ChatGPT), 빙챗(Bing Chat), 토크 투 챗(Talk-to-Chat GPT)

1. 문제 인식의 배경

가. 역대 최고의 사교육비

올해 대한민국에서 학부모가 자녀 교육에 투입하는 사교육비가 역대 최고를 기록했다고 합니다. 사교육비에서 가장

---

[93] CEFR이란 Common European Framework of Reference (유럽 공통 언어 평가 기준)의 약자입니다. 영어 능력을 기초부터~ 최고급까지 여섯 단계로 나누었으며 국가별, 단체별, 시험의 종류에 따라 나뉘는 주관적인 영어 평가 기준의 혼동을 막기 위해서 2000년 유럽평의회에서 채택되었습니다. 영어를 모국어로 사용하지 않는 국가에서 영어 학습자들의 영어 레벨을 규정하여 평가의 명확성을 높이며, 전 세계의 영어평가 기준으로 쓰입니다.

큰 비중을 차지하는 교과는 바로 영어입니다. 어떤 부모는 우리말도 잘하지 못하는 아이를 속칭 영어유치원에 보내기도 하고, 어떤 부모는 초등학생을 해외에 몇 개월에서 혹은 1년 이상 보내기도 합니다. 심지어 비싼 영어학원이나 영어유치원에 들어가기 위해 별도로 학원에 다니게 한다는 웃픈 소식도 들립니다. 사실 영어는 우리 사회, 대한민국 학교 교육에서 단순 교과 그 이상의 지위를 누리고 있다고 해도 과언은 아닐 것입니다.

나. 입시 영어 교육과 영어 의사소통능력 저하

우리나라 공교육에서는 초등학교 3학년부터 영어 교육을 받고 있습니다. 그런데 미국교육평가원(ETS)이 발표한 2019년 전 세계 토플 성적 통계 데이터 자료에 따르면 읽기는 평균 이상이나 말하기는 최하위권[94]에 속해있습니다. 그래서인지 초중고 혹은 대학교에 재학 중일 때나 심지어 졸업하고도 별도로 회화 위주의 외국어학원이나 해외 어학연수를 가는 학생들이 많습니다. 왜 이런 일이 벌어지는 것일까요? 여러 이유가 있겠지만 가장 큰 이유를 꼽자면 우리나라 영어 공교육의 피라미드 맨 위에는 입시(수

---

94) "한국인 영어수준…'읽기'는 22위, '말하기'는 122위.", 아주경제, 2019.06.24., https://www.ajunews.com/view/20190624083552757 (접속 일자:2023.05.15.).

능, 내신) 영어라는 장르가 있기 때문이 아닐까 합니다. 한 논문95)에 따르면 수능 영어의 지문들이 유럽 기준(CEFR)으로 B1에서 D1까지 걸쳐있다고 합니다. 학생 선발 변별력을 갖추기 위해 영어 과목을 의사소통 중심이 아닌 사고력 측정 수단으로 접근하고 있는 탓입니다. 그러나 문제는 학생들이 대학을 입학하고 나면 현재 사회가 더 이상 입시 영어가 아닌 말과 글로써 의사소통할 수 있는 외국어 본래 본질에 충실한 진짜 영어 실력을 요구한다는 사실입니다.

다. 영어 회화 학습의 왕도 찾기

여러분, 영어 회화 학습의 왕도는 있을까요? 있다면 무엇일까요? 쏟아지는 영어 회화 학습법 관련 정보의 홍수 속에서 오랜 기간 헤매지는 않으셨나요? 솔직히 저는 그런 지름길을 찾느라 오랜 시간을 보낸 사람 중 한 명입니다. 영어 회화 학습과 관련한 제 삶의 여정을 살짝 드러내 보면, 저는 대학에서 영어를 전공하면서 회화 공부 필요성을 느껴 1년간 워킹홀리데이로 호주를 다녀왔습니다. 졸업 후 취직한 회사에서는 영어를 사용하였고, 퇴사 후 2년간 고등학교에서 영어를 가르치기도 했습니다. 교대를 다시 졸업해 현재는 초

---

95) CEFR 기반 2015 개정 교육과정, 교과서, 수능의 일관성: 영어 읽기를 중심으로, https://db.koreascholar.com/Article/Detail/419984

등교사로 근무하고 있는데 가끔씩 영어전담교사를 맡고 있습니다. 2013년에는 방문교사로 호주 공립초등학교에서 두 달간 원어민 학생들을 가르친 적이 있는데 영어 회화 실력보다는 교수학습과정기획과 구성 능력이 향상되었던 기억이 선명하게 납니다. 지난 30년간 저의 회화 실력은 대체로 Intermediate[96]에서 Upper Intermediate[97] 수준을 왔다 갔다 하였으며, 자녀들을 이중언어자로 키우기 위해 귀가 후 영어로만 말했던 특정 시기에만 일시적으로 Advanced[98]에 도달했던 것 같습니다. 가족과 함께 5년 넘게 영어예배를 드리는 외국인교회를 다녔고, 거의 매주 도서관을 방문하여 원서를 읽었습니다. 그런데 돌이켜보면 저의 영어 회화 실력은 읽기와 듣기 같은 단순 영어 입력(input)보다는 대화를 통한 출력(output)이 더 많거나 비슷하게 균형을 이뤘던 시기에 가장 높았던 것 같습니다. 자녀들이 성장하면서 영어로 대화할 일은 사실상 없어졌고 결과적으로 시간이 갈수록 저의 회화 실력은 떨어졌습니다. 만약 관심 있는 주제에 대해 교감하며 영어로 대화(출력)하는 즐거움을 시간과 장소에 구애

---

96) 은행구좌를 여는 등, 일상생활에서 필수적으로 요구되는 상황에서 자신의 희망, 목적, 의도 등을 표현할 수 있다.
97) 일상생활과 연관되는 다양한 주제에 대해서 자신의 생각을 명확하게 표현할 수 있으며, 일부 주제는 장단점을 논하고 토론을 할 수 있다.
98) 광범위한 주제에 관한 토론이 가능하고, 부하직원을 논리적으로 설득하고, 타인의 주장에 반박할 수 있다.

받지 않고 꾸준히 누릴 수 있었다면, 그런 대화가 가능한 대화 상대가 곁에 있었다면 지금 제 영어 회화 실력은 어떤 수준이 되었을까요?

2. 연구의 방향과 중심 내용

가. 이상적인 회화 파트너 찾기와 최적 환경 세팅

(1) 이상적인 회화 파트너 AI : 그렇다면 앞서 언급한 것처럼 똑똑하고 인성 좋은 나만을 위한 맞춤형 영어 회화 대화 상대를 어디서 어떻게 찾을 수 있을까요? 다행스럽게도 2022년 11월 챗GPT(ChatGPT) 라는 초거대 AI 서비스가 등장했는데, 특히 챗GPT와 같은 LLM(Large Language Model) AI는 외국어 교육 및 학습 분야에서 강점이 있습니다. 그러나 이런 강점은 마이크를 설치한 데스크탑이나 노트북을 기본 환경으로 해야만 누릴 수 있는 사항이었습니다.

(2) 이상적인 회화 연습 환경 모바일 : 저는 지난 몇 개월 동안 챗GPT를 연구하고 직접 실행하였는데, 특히 도보로 출퇴근하는 동안 영어 회화를 학습하는 방법에 초점을 두었습니다. 아무에게도 방해받지 않으며 쉽고 간편하게 영어 회화 실력 향상과 대화의 즐거움이라는 목적을 달성할 수 있

다면 기존의 작심삼일 이미지를 갖고 있는 영어 회화 학습도 일상의 루틴으로 만들 수 있다고 내다보았기 때문입니다. 이를 위해 발상을 바꿔 장애인을 위한 보조성 도구를 휴대폰에 설치, 세팅해 보거나, 별도의 브라우저를 다운로드해 원래는 설치 불가능했던 확장 프로그램을 실행해 보는 등의 여러 방법을 시도해 보았습니다. 비록 짧게라도 매일 매일 꾸준히 할 수만 있다면 더 이상 영어 회화 학습이 아닌 영어 생활이 될 것이고, 결과적으로 영어 회화 실력 향상으로 이어질 거라 확신했기 때문입니다.

나. 이상적인 회화 파트너로서의 AI 분석

영어 회화 학습의 성패를 좌우하는 결정적 요소는 대화 상대자의 인성과 능력입니다. 이야기 나누면 나눌수록 기분 좋고 배우는 것도 많으며, 더불어 별도의 경제적, 정서적, 시간적 비용이 들지 않는 대화 상대라면 자주 만나 시간을 보낼 것이기 때문입니다. 지난 몇 달간의 개인적 사용 경험을 근거로 학습자가 가장 편안할 수 있는 모바일 환경에 기반하여 이상적인 대화 상대자로서 AI를 비교 분석해 보겠습니다.

	기준	Chat GPT 3.5	Bing Chat	SmallTalk.fyi
1	사전 준비 작업 (크롬웹스토어 및 플레이 스토어에서 다운로드 필요)	Kiwi 브라우저 + Talk-to-ChatGpt (크롬 익스텐션)	Edge 브라우저 +Bing Chat app+ 구글 TTS 앱+ 휴대폰 설정 (언어 영어 변경)	별도 준비 필요 없음 (인터넷 주소 입력하면 끝!)
2	경제적 비용	무료	무료	무료
3	대화 가능 시간 (대화의 양)	보통 (일정 토큰 초과 시 대화 맥락 기억 유지 불가능)	매우 나쁨 (대화 최대 20회) - 정보 검색해 관련 답변 제공 치중, 대화다운 대화 안 됨	매우 좋음 (맥락 기억 우수, 1시간 이내 대화 횟수 무제한)
4	밀도 높은 대화 가능 (대화의 질)	보통 (일방적으로 많은 분량 발화거나 거짓말 섞음, 세밀한 프롬프팅 제시 필요함)	매우 좋지 않음 (① 정치, 종교, 윤리, 이성 분야 등의 토픽에 과민반응! 가벼운 수다 가능 ② 대화 중 수시로 검색 모드 돌입해 대화 흐름 끊음)	매우 좋음 (2가지 이상의 역할을 동시 수행할 수 있음. 예컨대 심리 상담사로 개인적 대화 흐름도 이어가면서 영어 튜터로서 역할도 충실히 수행함)
5	음성인식 수준 (실외 상황) *주의 : 휴대폰 기종과 외부	별로 좋지 않음 (본래 텍스트 기반 채팅으로 설계됨)	보통 (인식은 괜찮게 하나 학습자가 잠시 말을 머뭇거	상당히 좋음 (대화 맥락에 기반하여 학습자 의 부정확한

	환경에 따른 차이 발생 가능		리면 끝까지 듣지 않고 자동으로 즉시 대답함)	발음이나 사소한 문법 오류 자동 수정 인식 후 대화 진행함)
6	음성 출력 수준 (실외 상황) *주의 : 휴대폰 기종과 설정에 따른 차이 발생 가능	AI 음성 출력 도중에 자주 끊김 현상 발생 (해결책으로 보조성 도구를 플레이스토어에서 다운받아 접근성 버튼-텍스트 읽어주기 사용으로 보완해야 함)	매우 좋음	상당히 좋음 (발화가 길어질 시 가끔 끊김 현상이 발생하나 끊긴 구절을 그대로 읽어주고 then what? 이라고 묻거나, Continue after~~ 라고 말하면 이어서 중복 없이 대답)
7	(한국말을 주로 사용하는) 말하기 초급 학습자와 영어 대화 가능성	불가능 - 영어를 듣고 이해해 한국어 대답 [음성 출력 포함] - 한국말을 듣고 이해하지 못함	불가능 - 영어를 듣고 이해해 한국어 대답 [음성 출력 아닌 텍스트로만 답변] - 한국말을 듣고 이해하지 못함	완전 가능 -한국어로만 말하는 경우에도 듣고 이해하여 영어로 대화를 이어감
8	대화 교정 기능	가능(요청 시 교정)	가능 (요청 시 교정)	가능(자동 교정) 내가 쓴 대화, 교정, 이유 (번역 포함)

[표10-1] 안드로이드 휴대폰 환경에서 영어 회화 AI 비교 분석

다. AI가 변화시킨 나의 일상

(1) 재밌고 유익한 출퇴근길

① 영어 개인지도(문법, 단어, 표현 교정부터 문장 조직 및 스타일 분석 제시까지)

② 다양한 토픽에 대한 깊이 있는 대화(예시 - IB 교육, 영어식 사고법, 학부모와의 갈등, AI와 사회 등)

(2) AI 원어민 보조교사로 교수학습의 효율성 극대화

① 일정한 시나리오를 주고 AI에게 역할극 파트너를 맡김

-AI 원어민 보조교사의 학습 도우미 역할 수행과 피드백에 학생들 강한 동기유발과 만족감 표현

- 다양한 영어 수업 장면에서 AI와 협력하는 수업 모델 지속적 연구 개발 필요

② 듣기 말하기 연습 단계에서 학생 개인 튜터 역할 수행

-영어 말하기 왕초보인 경우, 한국어로 말해도 이해하여 영어로 완벽하게 대응해 줌.

(3) 회화 실력 내재화 메커니즘 가동

① 대화 내용(히스토리: 음성 및 문자 기록)을 확인해 미흡한 부분을 보완함

② 실력 내재화 과정: 말하기 → 피드백 → 이해/정리
→ 복습 → 재활용 말하기의 선순환

3. 연구의 결론 및 한계

가. 연구의 결론

영어 실력, 특히 의사소통 중심의 회화 능력 향상을 위해서는, 언제나 친절하고 유능한 원어민 대화 상대자가 필요합니다. 학습자의 발전을 자신의 존재 이유로 삼는 AI 튜터! 그래서 항상 질문이 있거나 도움이 필요하면 언제든지 요청하라고 말하는 AI의 출현은 영어 회화 실력을 소망하는 학습자 입장에서 반갑기만 합니다. 하루가 다르게 발전하는 인공지능의 속도를 고려해 볼 때 더 좋은 기능을 갖춘 AI 외국어 선생님이 등장할 수도 있을 것입니다. 그러나 본문에서 살펴본 스몰토크 같은 AI 서비스만 잘 활용해도 획기적인 삶의 변화를 느끼게 될 것입니다. AI 기술이 상상하는 모든 것을 현실로 만들어 주는 세상을 살아가고 있습니다. 그러나 우리가 인공지능을 우리의 삶에 받아들여 활용하지 않는다면 우리의 상상은 결코 현실이 될 수 없을지도 모릅니다.

나. 연구의 한계

본 연구의 첫째 한계는 IOS 기반의 모바일 환경에서 실행되지 않았다는 점입니다. 따라서 안드로이드 폰이 아닌 경우에는 확실히 적용 여부를 장담할 수 없습니다. 나머지 한계는 유료 영어 회화 AI 서비스는 제외한 점입니다. 전술했다시피 경제적 비용이 이상적 회화 상대자의 기준 중 하나였기 때문입니다.

AI를 활용한 논문 작성 도움받기

평택새빛초 교사 장덕진

많은 교원들은 전문성 신장을 위하여 교육대학원 등에 진학하여 자신의 아이디어와 생각을 바탕으로 연구를 진행하고 있습니다. 하지만 현장 실천과 밀접하게 연계해 운영되는 교육대학원의 특성상 논문 작성과 관련된 연구 방법에 대해 집중적으로 탐구할 시간이 부족합니다. 이에 자신이 생각하는 주제에 따라 챗GPT 및 애스크업 등의 생성형 AI의 보조적 도움을 받아 어떻게 연구할지를 보다 정교화하는 방법을 안내하는 내용입니다.

- **적용 가능 학년·과목: 교원 및 대학원생 등**
- **활용 에듀테크: 챗GPT(ChatGPT), 애스크업(Askup), 엘리싯 (Elicit)**

1. 머리말: 대학원의 마지막 관문-논문 쓰기

교사들은 스스로 탐구하는 것을 좋아하는 집단으로 전문성 신장을 위한 방법으로 야간제 및 계절제를 활용하여 대학원에 다니고 있습니다. 대학원의 과정을 모두 마친 후 최종적으로 논문을 작성하고 통과가 되어야 학위를 취득할 수 있는데, 많은 사람이 논문 작성에 어려움을 겪고 있습니다.

이에 여기에서는 논문을 작성할 때 단계별로 작성 중 챗

GPT(ChatGPT)의 도움을 받는 방법을 알아봅니다. 이 글에서는 기존의 연구 방법을 대체하는 것이 아니라 보완재의 관점에서 다루고자 합니다. 자신의 연구 분야에 따라 주제의 선정과 연구 방법 등은 모두 다를 수 있으나 사회과학 연구 또는 여론 조사 등에서 보통 활용되며 연구의 필요성 측면에서 요구분석에 해당하는 '인식조사' 또는 '실태조사'에 대한 결과를 만들어 보는 과정을 시작하고자 합니다. 이 글에서 참고가 되는 연구 논문의 경우 소방관 505명을 대상으로 한 실태조사입니다. 해당 논문은 대한안전경영과학회지 6월호에 게재 예정인 논문으로 글의 저자가 공동 참여했습니다. 생성형 AI를 활용하여 작성한 것이 아닌, 기존 방식대로 통계프로그램을 통하여 차근차근 분석하며 100% 수기로 작성한 논문입니다. 이에 여러분들은 챗GPT를 활용한 탐색 방법을 보며 기존 연구 대비 얼마나 비슷하게 나올 수 있는지, 그리고 보다 나은 점과 타당화의 가능성이 있는지 등에 대해서 생각해볼 거리가 생길 것입니다. 인간 지능을 보완해주고 아직 부족한 부분에 대해서 탐색적으로 도와준다는 점에서 생성형AI는 매우 효과적일 것이나 명백한 한계 역시 보이기에 고려할 점들은 무엇인지를 알 수 있게 됩니다. 논문을 작성한 경험이 없는 직장인 또는 새내기 대학원생들이 흐름을 잡는 법을 배울 수 있기를 바랍니다.

2. 논문 주제 잡기 및 설계하기

가. 논문 주제 잡기

논문은 문제를 인식하고 그것을 해결하기 위해 논리적인 구조로 모델을 설계하여 해결해가는 일종의 문제해결 및 주장하는 글의 일종입니다. 그렇다면 논문 작성에 있어 가장 큰 문제는 무엇일까요? 그것은 논문 연구에 있어 연구할만한 주제를 선정함에 어려움이 있다는 것입니다.

물론 정규 대학원 과정을 성실하게 이수한 학생들의 경우 과목으로서 연구 방법론을 수강하게 되며, 많은 인사이트를 받고 스스로 설계를 할 수 있습니다. 그러나 현장에서 일하는 직장인 연구자들은 큰 틀에서 어떠한 연구 주제를 잡아야겠다는 것을 알고 있으나 구체적으로 어떻게 구현할지 그 방법에 대해 모호할 수 있습니다. 또한, 처음 연구를 시작하는 초보 연구자는 내가 생각하고 있고 그리고 있는 청사진에 대해 방향성에 혼란을 겪을 수도 있습니다. 따라서 전문적 연구가 아닌 시작의 단계에서 우리는 기존의 데이터를 바탕으로 큰 개요의 흐름을 발산형으로 생성해주는 생성형 AI의 도움을 받을 수 있습니다.

"~~~과 관련된 ○○학문 논문 주제를 정해줘"

주제라는 것은 연구자의 독창성이 드러나는 부분이며 논문에 있어서 핵심적인 부분입니다. 주제 선정에 대해서는 인간의 전문성이 생성형 AI보다 우월하게 평가받고 있으며, 복잡한 연구설계 역시 오랜 경험을 바탕으로 한 직관이 중요한 것으로 알려져 있습니다. 주제를 알려달라는 명령어는 완전히 새로운 분야에 처음 임했을 때나, 내가 이미 선정한 주제를 어떻게 연구하면 좋을지에 대해 전체적인 연구 개요를 작성하기 위해 활용할 수 있습니다.

첫째, 기존에 내가 설정한 주제와 아이디어를 어떠한 방식으로 풀어가야 할지에 대해 보완적으로 도움을 받기 위해 활용할 수 있습니다. 가령 예시 논문에서 연구하고자 하는 내용으로 '긴급자동차 귀소 중 교통사고 특례에 관한 소방관의 인식'을 설정하였을 때 생성형 AI에 한 번 다시 물어봄으로써 어떠한 문구로 논리적 구조를 갖추면 좋을지에 대해 챗GPT에 "주제를 정해줘"로 물어보며 탐색해볼 수 있습니다. 또한, 챗GPT의 경우 논문에 관한 질문을 많이 받아 단순히 주제만 알려주는 것이 아니라 논문의 순서에 따라 어떠한 내용이 들어가면 좋을지에 대해서도 조언을 해주기에 논리적 구성을 점검하는 데도 도움을 줄 수 있습니다.

D 긴급 자동차 귀소 중 교통사고 특례에 관한 소방관의 인식을 조사하는 논문을 작성하고자
합니다. 논문 주제를 정해줘

논문 주제: 소방관들의 긴급 자동차 귀소 중 교통사고 특례에 대한 인식 조사

논문 개요:
이 연구는 소방관들이 긴급 자동차 귀소 중 교통사고 특례에 대한 인식을 조사하는 것을 목
적으로 한다. 긴급 자동차 귀소 중 교통사고는 소방관들이 경험하는 위험한 상황 중 하나이
다. 이 연구는 소방관들이 긴급 자동차 귀소 중 교통사고에 대한 인식 수준을 조사하여, 이
들의 안전성을 개선하는 데 기여할 것이다.

논문 내용:

1. 서론

* 연구 배경과 필요성
* 연구 목적 및 가설
* 연구 방법 및 절차

2. 관련 연구

* 긴급 자동차 귀소 중 교통사고와 관련된 연구들을 검토하고, 그 중에서 소방관의 인식에
  대한 연구를 중심으로 분석한다.

3. 연구 결과

* 소방관들의 긴급 자동차 귀소 중 교통사고에 대한 인식 수준 조사 결과를 분석하고, 이들
  의 인식 수준에 따른 안전성 차이를 분석한다.
* 인식 수준에 따른 안전 대책 제시

4. 논의

* 연구 결과를 토대로 소방관들의 긴급 자동차 귀소 중 교통사고에 대한 인식을 개선할 수
  있는 방안을 논의한다.

5. 결론

* 연구 결과와 논의를 종합하여, 소방관들의 긴급 자동차 귀소 중 교통사고에 대한 인식을
  개선하는 데 필요한 제언을 제시한다.

6. 참고 문헌

* 논문에서 참고한 관련 연구들과 ⟳ Regenerate response 한다

[그림11-1] 논문 주제 정하기

둘째, 완전히 새로운 분야에 대한 첫 도입 단계에서 어떤 느낌으로 접근해야 할지를 고민을 할 때 "논문 주제를 정해 줘"라는 명령어를 활용할 수 있습니다. 이 경우는 논문 주제를 정말 AI에 의탁하는 것이 아니라 어떠한 아이디어들이 존재할 수 있는지, 그리고 논문 주제는 이러한 방법으로 정하는 것이 이 분야에서는 적합한지를 간접적으로 조사하는 방법입니다. 즉, 일종의 예비 조사로 진행되는 것으로 생각하면 됩니다. 가령 논문 공모전 등에 나가는 것을 가정하여 논문에 대해 자유로운 아이디어를 탐색하고 이를 바탕으로 자신의 배경지식과 전문성에 기반하여 연계하는 방안을 중점으로 두면 좋을 것 같습니다.

가령 나는 안전교육 분야를 연구하는 대학원생인데 학교 홈페이지에 올라온 '재난안전분야 논문 공모전'을 보고 참여하고 싶은 마음이 생겼을 수 있습니다. 이 분야에 대해서 어렴풋이 알고 있으나 구체적으로 어떠한 주제로 출품해야 할지 궁금할 수 있습니다. 그 경우 기존 수상작들을 살펴보거나 학술정보사이트 등을 탐색하여 데이터를 수집할 수 있으나 첫 시작이 모호하게 다가올 수 있습니다. 가장 좋은 것은 지도교수님의 조언을 듣는 것이지만 그 초안을 잡는 과정과 방향성이 맞는지 등에 대한 참고하는 목적으로 챗GPT를 활용할 수 있습니다.

D 2023 재난안전분야 국민참여 논문공모전에 제출할만한 주제를 알려줘

재난안전분야 국민참여에 대한 논문 주제를 제시해드리겠습니다.

1. "디지털 기술 활용을 통한 재난안전분야 국민 참여 확대 방안"
   최근에는 디지털 기술의 발전으로 인해 다양한 정보와 소통 수단이 제공되고 있습니다. 이를 활용하여 국민들의 재난안전분야 참여를 촉진할 수 있는 방안을 탐구해보는 것이 주제가 될 수 있습니다.
2. "재난안전분야의 위험 인식과 국민 참여에 대한 인식과의 상관성 분석"
   재난안전분야에서 국민들의 참여는 중요하지만, 그만큼 국민들이 재난 위험에 대한 인식도 중요합니다. 이 논문에서는 국민들의 재난 위험 인식과 재난안전분야 참여에 대한 인식 사이의 상관성을 분석하여 보다 효과적인 국민 참여 방안을 제시할 수 있습니다.
3. "재난안전분야에서의 지속적인 교육과 국민 참여 활성화 방안"
   재난안전분야에서 국민들이 참여할 수 있는 방법 중 하나는 지속적인 교육입니다. 이 논문에서는 재난안전분야에서 국민들의 지속적인 교육을 통해 국민들의 참여를 활성화하는 방안을 탐구해볼 수 있습니다.
4. "재난안전분야에서의 지역사회 참여와 지속 가능한 발전 방안"
   재난안전분야에서 지역사회의 참여는 매우 중요합니다. 이 논문에서는 지역사회의 참여를 촉진하고, 지속 가능한 발전을 위한 방안을 제시할 수 있습니다.

[그림11-2] 발산형 주제 탐색

챗GPT는 기존의 방대한 데이터들을 바탕으로 '조합'을 잘하기 때문에 발산형의 아이디어들을 다양하게 제시해줍니다. 이에 연구자는 챗GPT가 제안하는 다양한 내용들을 바탕으로 전문성을 바탕으로 스스로 판단해 그 연구 과정을 수렴해가는 과정을 진행하면 됩니다.

나. 논문 기초 연구설계

"이 내용을 박사 논문 수준으로 연구설계를 높여줘"

주제가 생성되었으면 구체적으로 이제 내가 어떻게 탐구하면 좋을지 연구에 대한 설계를 시작합니다. 일반적인 설계 단계는 다음과 같습니다. 현실 속에 문제점이 존재하니 그 필요성을 알아봅니다. 그 후 선행 연구를 분석하고 내 연구만의 독창성을 찾고 이를 논리적으로 구현하기 위한 프로그램과 실험 등에 대해 알아봅니다. 결과를 예상한 후 실제 사람들에게 기여할 수 있는 방안과 논문의 가치를 모색합니다. 이러한 연구의 틀을 잡고 잠정적 결론과 그 방법을 정하는 것이 연구설계이며 대략적인 기초 연구설계를 할 때 참고할 방식 중 하나로 챗GPT를 제안합니다.

'박사 논문 수준'으로 만들어달라고 생성형 AI에게 요구하면 일반적 질문 대비 정교화된 연구 방법을 제시받을 수 있습니다. 물론, 실제 박사 논문을 작성하는 사람들은 이 방법을 사용하면 원하는 수준으로 나오지 않으며 학위 논문을 통과할 수 없을 것입니다. 현재 챗GPT가 해주는 연구설계는 실제 박사 논문 수준으로 나오지는 않습니다. 그러나 해당 주제와 관련해 정교화한 방법으로 연구 방법들을 제안해주기 때문에 다양한 연구 방법들을 보고 이러한 연구 방법에 대한 배경지식을 스스로 조사해보고 내 연구에 적합한 것들을 취사선택하여 연구 방법들을 구체화하는 데 도움을 줄 수 있습니다. 만약 자신의 연구설계가 완전하지 못하거나 조금 더 보충할 방법이 있는지 알아보고자 할 때 기초 연구 설계에 도움을 주는 챗GPT를 활용할 수 있습니다.

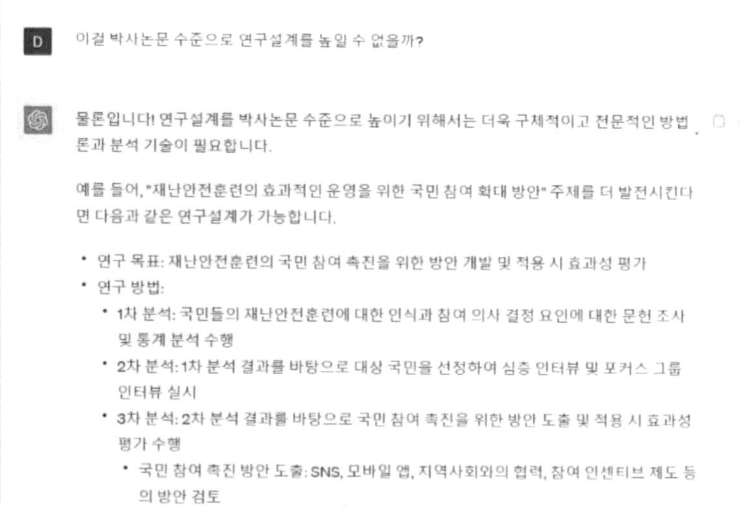

D 이걸 박사논문 수준으로 연구설계를 높일 수 없을까?

물론입니다! 연구설계를 박사논문 수준으로 높이기 위해서는 더욱 구체적이고 전문적인 방법론과 분석 기술이 필요합니다.

예를 들어, "재난안전훈련의 효과적인 운영을 위한 국민 참여 확대 방안" 주제를 더 발전시킨다면 다음과 같은 연구설계가 가능합니다.

- 연구 목표: 재난안전훈련의 국민 참여 촉진을 위한 방안 개발 및 적용 시 효과성 평가
- 연구 방법:
  - 1차 분석: 국민들의 재난안전훈련에 대한 인식과 참여 의사 결정 요인에 대한 문헌 조사 및 통계 분석 수행
  - 2차 분석: 1차 분석 결과를 바탕으로 대상 국민을 선정하여 심층 인터뷰 및 포커스 그룹 인터뷰 실시
  - 3차 분석: 2차 분석 결과를 바탕으로 국민 참여 촉진을 위한 방안 도출 및 적용 시 효과성 평가 수행
    - 국민 참여 촉진 방안 도출: SNS, 모바일 앱, 지역사회와의 협력, 참여 인센티브 제도 등의 방안 검토

[그림11-3] '박사 논문 수준으로 높여줘'

다만, 구체적 연구모델은 역시 지도교수님과 함께 협의하고 전공에 맞는 고유의 방법을 사용해야 하므로 챗GPT의 활용은 탐색적 방법의 하나로 생각해야 합니다.

3. 서론 작성하기

논문의 서론에서는 연구의 필요성과 목적에 대한 논의와 함께 선행 연구를 살펴보며 연구의 독창성과 차별성에 대해 다룹니다. 실제로 선행 연구를 작성할 때는 학술정보 사이트 (Google Scholar, RISS, DBpia 등)를 활용하는 것이 효과적이나 챗GPT는 이러한 부분들을 보완하는 데 도움을 줄 수 있습니다.

먼저, 자신이 선택한 연구 주제에 대해서 그 필요성에 대해 질문하면 서론에 바로 적용할 수는 없는 '일반론'이 나옵니다. 일반론들은 반드시 선행되는 근거가 될 수 있는 이론과 연구를 바탕으로 해야 하는데 그 근거를 챗GPT는 부정확하게 제시해주기에 바로 적용할 수는 없습니다.

그러나 이 부분을 조금만 달리 생각하자면 온라인상에 관련 정보가 존재한다는 것이며, 만약 연구자가 챗GPT가 알려준 관련된 선행 연구와 이론들을 찾게 된다면 논문에 인용할 수 있는 일반적 서론의 참고문헌으로 바꾸어 활용할 수 있습니다.

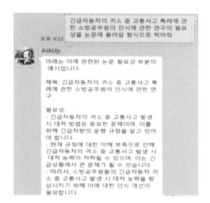

[그림11-4] 논문의 필요성: 일반론

　　많은 대학원생이 교수님들께서 말씀하신 "선행 연구를 찾아보세요", 또는 "문헌을 조금 더 조사해보세요"라는 말을 듣고 어떤 문헌을, 어떤 키워드로 조사를 해야 할지 막막한 경험들이 존재합니다. 그런데 생성형 AI의 원리를 생각한다면 챗GPT가 만들어내는 데이터의 조합들은 과거의 누군가가 이러한 부분에 대해 인터넷 세상에 그 조각을 남겨두었다는 것을 의미하므로, 우리는 생성형 AI의 발산형 데이터를 바탕으로 학술사이트 등에서 관련어로 검색해 내가 작성하는 논문 아이디어를 뒷받침해줄 논문들을 찾을 수 있습니다.

　　다음으로 논문 전용으로 나온 생성형 AI 사이트를 살펴보도록 하겠습니다. 챗GPT가 나온 초기 단계에서는 챗GPT가 기존 데이터를 임의 조합하여 안내해주기에 학술적 활용에 대한 한계점이 존재하는 '거짓말쟁이'로 치부되었으나 학술적 활용 가능성이 모색된 다양한 사이트들이 등장하여 이제는 학술적 활용에도 도움을 받을 수 있게 되었습니다.

이 글에서는 'Elicit: AI Research Assistnat[99]' 사이트를 기준으로 AI를 활용해 서론에 들어갈 논문을 찾는 보조적 방법을 설명하고자 합니다. 서론 부분은 가장 많은 참고문헌과 자료들이 인용되어 들어가며 기존의 연구를 바탕으로 내 연구의 필요성을 주장하는 곳이자 사람들이 가장 처음으로 마주하는 부분으로 그 중요성은 몇 번을 강조해도 지나치지 않습니다. 이에 실제 연구에서는 챗GPT에 의존하는 것이 아니라 기존 방식대로 주요 학술 사이트를 바탕으로 검색하는 것이 우선입니다. 따라서 혹여 기존의 방법으로 문헌을 찾지 못했거나, 더 중요하게 여겨지는 인용이 많은 해외 저널은 무엇이 있는지에 대해 다시 검토하는 방법으로 이 사이트를 활용하도록 합니다.

사이트에 처음 로그인하면 질문을 위한 PDF 파일을 1개 올려야 합니다. 우리는 문헌 검색용으로만 이 사이트를 활용할 예정으로 임의의 파일을 업로드합니다. 다음으로 메뉴바 상단에 있는 검색창에서 내가 궁금한 주제어를

---

99) Elicit.org

검색하면 해외 유수의 저널에서 피인용이 많은 관련 논문을 소개해주며, 간략하게 논문을 요약해서 어떠한 내용이 이 논문의 핵심 내용인지 알려줍니다.

[그림11-5] Elicit으로 해외 저널 참고문헌 추가하기

전문 용어에 기반하여 논문의 핵심 키워드에 대해 질문을 하면 SCI급의 저널과 참고자료들을 간단한 내용 요약과 함께 제공받을 수 있습니다. 내 연구와 관련된 해외 저널을 논문에 추가하여 조금 더 신뢰성을 높이고 양질의 연구로 만들어 보도록 챗GPT를 활용해봅시다.

4. 연구 방법 구체화하기

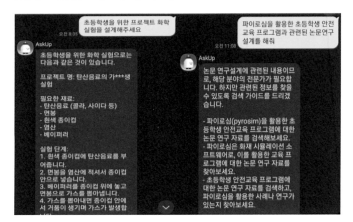

[그림11-6] 연구 방법 구체화하기

　만약 여러분들이 연구설계에 대해 챗GPT에게 묻는다면, 단순 실험이 아닌 논문 연구설계의 경우 전문가가 필요한 부분으로 생성형 AI에서도 안내하고 있어 마치 설계가 어려운 것으로 보입니다.

　하지만 이때 필요한 것은 바로 '분석 기법'입니다. 만약 여러분들이 구체적 주제와 더불어 '분석 기법'을 추가하여 질문을 하게 된다면 구체적 연구설계를 할 수 있게 됩니다. 즉, 연구 방법에 대한 이해가 있는 사람들이 보다 더 많은 도움을 챗GPT로부터 얻을 수 있습니다.

*"파이로심을 활용한 초등학생 대상 안전교육 프로그램을
독립표본 t검정으로 실험하고 싶습니다. 연구설계를 해주세요"*

위와 같이 '주제+방법'을 함께 작성한 후 검색하면 기존 방법 대비 연구 방법을 보다 구체화해서 받을 수 있습니다. 따라서 설계할 때는 우선 내가 하고 싶은 연구가 어떤 연구인지 파악하며, 내가 수집할 데이터의 종류를 인식한 후 어떤 분석 방법을 쓸 수 있는지 제대로 파악한 후 보조적으로 생성형 AI를 활용할 때 효과적임을 알 수 있습니다.

5. 본론 작성하기 - 설문지 제작 및 유목화

설문이라는 것은 사람의 생각을 측정하는 방법입니다. 특히 교육학이 포함된 사회과학 분야에서는 자연과학과 달리 연구 대상이 완전히 통제된 실험이 불가능합니다. 따라서 설문지라는 측정 도구를 가지고 사람들의 생각을 물어보는 과정이 필요합니다.

설문 문항을 제작할 때는 크게 두 가지 방법이 존재하는데 첫째는 기존의 선행 연구에서 기개발된 측정 도구들을 가져와서 내 주제에 맞게 수정 및 변형한 후 타당화 과정을

거쳐 활용하는 방법입니다. 둘째는 완전히 새로운 분야일 경우 전문가 집단의 탐색적 논의를 바탕으로 설문을 만들어서 제작하는 방법이 있습니다. 이 중 후자에 해당하는 탐색적 방법으로 설문지를 개발할 때 초안 작성에 있어서 챗GPT의 도움을 받을 수 있습니다.

"긴급자동차 귀소 중 교통사고 특례에 대한 소방공무원의 인식을 조사하기 위한 인구 · 사회학적 특성 설문 6문항 및 인식조사 설문 10문항을 만들어줘"

	직접 개발한 설문지 bit.ly/3MoAlhO	애스크업의 설문지 bit.ly/3BJSJMY
인 구 사 회 학 적 특 성	1. 성별 2. 연령대 3. 재직 근무연수 4. 계급 5. 근무부서 6. 담당업무	1. 성별 2. 나이 3. 학력 4. 직업 5. 소속 부서 6. 근무 기간

[표11-1] 설문지 비교하기(직접 설계 vs 생성형 AI)

이 글에서 활용된 관련 연구의 인식조사 및 실태조사의 문항은 생성형 AI가 유행하기 전인 2022년 하반기에 연구자 간 합의와 전문가 타당화를 바탕으로 탐색적으로 직접 설계한 설문지입니다. 이러한 설문지를 제작하는 데는 많은 시간이 소요되는데 실제 직접 사람들이 제작한 설문조사와 애스크업이 작성해준 설문지 사이에는 어떤 차이점들이 있는지 살펴봅시다. 실제 설문지와 애스크업이 생성한 설문지를 비교해보면 인구·사회학적 특성에서 주제와 관련 없는 학력에 대해 만든 것을 알 수 있습니다. 또한, 애스크업이 생성한 인식조사 질문은 연구자의 의도에 반하거나 발산형이자 명목형의 질문지로서 수치화를 하기에 어려운 점이 있습니다. 따라서 연구에 바로 적용하기에는 한계가 보입니다. 다만, 미처 사람들이 생각지 못했던 문항에 대한 제언과 연구자의 의도가 배제될 필요가 있을 경우 및 각종 요인들에 대해서 알아보는 데는 매우 훌륭한 보조가 가능함을 알 수 있습니다. 가령 본 연구에서는 귀소 중 교통사고 특례와 관련하여 법률적 측면에서만 설문을 지속했는데 법률이 아닌 타 요소들(교육, 부여 기준) 등에 대해서도 생각할 거리를 제공했습니다. 즉, 연구자를 대체하는 것이 아닌 연구자의 생각을 보조하는 목적으로 생성형 AI는 활용 가능성이 존재하고 있습니다.

"질문들을 비슷한 내용끼리 묶어 유목화한 후 이름을 붙여줘"

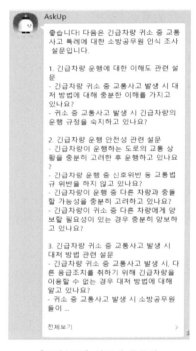

[그림11-7] 설문지 유목화

다음으로 생성한 문항을 주제별로 묶어보겠습니다. 실질적으로 설문 제작 시 챗GPT에게 제대로 도움을 받을 수 있는 부분은 바로 '유목화' 부분입니다. 통계적 요인분석을 하기 전 비슷한 문항끼리 묶어 설문지 초안을 만들어 볼 수 있어 연구자의 탐색적 분석 시간을 단축해줄 수 있습니다.

6. 본론 작성하기 - 데이터 분석하기

"통계학자가 되어 데이터셋을 분석해주세요. 각 질문에 대해 정확하게 답변을 주세요. 데이터셋은 아래에 제공되며 데이터셋의 첫 행에는 헤더가 포함되어 있습니다"

"데이터셋: 이름, 성별, 나이, 등등" (데이터 입력)

"데이터셋 의 행과 열을 분류해줘"

"데이터의 유형이 범주형인지 연속형인지 나누어줘"

"~에 영향을 미치는 가장 중요한 요인을 알려줘"

"여기에서 어떤 분석 검정이 적합해?"

"파이썬에서 OO분석하는 함수 사용법을 알려줘"

"파이썬에서 OO 계산하는 코드를 알려줘"

"OO 분포에 대한 플롯(Plot)을 파이썬 코드로 작성해줘"

[그림11-8] 데이터 분석을 위한 명령어

사실 데이터를 분석하는 단계에서는 기존의 'SPSS, R Studio, Jamovi'를 비롯한 상용 프로그램들을 활용하는 것이 학습량 대비 효율이 좋습니다. 기본적으로 다양한 분석 방법을 클릭 한 번으로 실행할 수 있으며 결과에 대한 표와 그래프도 제공해주는 GUI(Graphic User Interface) 기반의 프로그램들은 일반 학생에게 있어 생성형 AI 활용법 대비 접근성 측면에서 우위가 높습니다. 따라서 이 글에서는 챗GPT를 활용해서 논문을 위한 데이터 분석 및 그래프 생성하는 방법을 개념적으로만 설명하고자 합니다.

결론적으로 요약하면 "생성형 AI에게 '파이썬(Python)' 혹은 'R언어' 코드를 생성해달라고 요청하는 방식"입니다.

구체적인 순서로는 다음과 같습니다. ①챗GPT에 통계학자의 역할을 부여한 후 ②'파이썬' 또는 'R'의 데이터 분석 및 시각화 코드를 생성 요청, ③'코랩(Colab)[100]' 및 'IDLE' 또는 'R studio'에서 해당 코드를 실행하는 방법으로 데이터 분석을 진행할 수 있습니다.

생성형 AI에서 제공하는 방식을 활용하기 위해서는 '파이썬' 및 'R'에 대한 배경지식이 필요하므로 향후 필요성을 느낄 시 시도하면 됩니다. 이러한 프로그래밍 언어를 활용할 경우 기존 통계프로그램에 대비하여 데이터에 대한 분석 결과를 개별 맞춤형으로 시각화할 수 있으며 다양한 라이브러리를 통하여 확장성이 높습니다. 따라서 정교한 그래프 작업이 필요하다고 느낄 시 챗GPT를 활용하여 '파이썬' 또는 'R' 기반의 분석 보조를 받아 작업할 수 있습니다.

---

100) Colab.research.google.com

7. 본론 작성하기 - 표, 그림, 목차 번역하기

　본론 속에 표를 넣거나 캡션을 달 때 학술지에서는 영문으로 입력할 것을 요구합니다. 연구자는 일반적으로 한국어로 설문을 조사하였기에 번역해야 합니다. 이때, 가장 좋은 방식은 전문 용어집을 이용하는 방법이며 다음이 파파고 등의 번역 도구를 이용한 후 연구자가 재수정을 할 수 있습니다. 이때 유용한 방법으로 활용할 수 있는 것이 보기 문항을 애스크업에 복사해서 붙여넣은 후 '명사형'으로 바꾸어 달라고 할 수 있습니다.

<Table 11> Experience of Traffic Accident

(N=505)

Number of Times	Counts	% of Total	Cumulative %
Once	44	8.7%	8.7%
Twice	9	1.8%	10.5%
Three or More times	2	0.4%	10.9%
Lack of Experience	450	89.1%	100.0%

[그림11-9] 논문 속 표 예시

[그림11-10] 번역 예시

　이 방법을 이용하면 표나 그래프에 들어가는 '제목' 및 '보기 문항'을 편리하게 한 번에 번역할 수 있습니다.

8. 결론 작성하기

결론 부분에서는 서론 부분에서 이야기한 이론적 배경과 본론에서 이야기한 나의 연구를 종합하여 요약한 후 어떠한 결론이 도출되는지를 알아봅니다. 만약 여기에서 논의와 제언이 있다면 연구자의 의견을 반영하여 작성합니다. 결론 작성 부분에서 챗GPT의 도움을 받는 방법은 다음과 같습니다.

1장의 내용을 모두 넣은 후 "이 내용을 N문장으로 요약해주세요"를 입력합니다. 그 후 마찬가지로 2장의 내용을 모두 넣은 후 "이 내용을 N문장으로 요약해주세요" 등과 같은 방법으로 모든 장을 요약한 후 거기에서 나온 내용을 보며 연구자가 종합하여 결론을 작성합니다. 다만, 일반적으로 논의와 제언 부분에 나오는 내용은 이론적 배경과 실험 결과를 바탕으로 개인의 주관성이 반영되는 부분으로 "이 내용에 대해 OO관점에서 제언을 해줘" 등으로 챗GPT의 다양한 발산형 아이디어들을 살펴볼 수는 있지만 여전히 연구자의 생각이 중요한 영역으로 남아 있습니다.

9. 초록 작성 및 영문 초록 정리하기

논문의 초록은 그 논문의 연구 과정에서 핵심적 내용을 정리한 것으로 논문이 어떤 연구 주제를 가지고 어떤 방법으로 문제를 해결했는지 그 과정과 결론을 담습니다.

챗GPT를 활용한 논문 초록 작성법은 다음과 같습니다. 결론 부분을 복사하여 애스크업 등의 프로그램에 넣은 후 "초록 형태로 바꾸어줘"라고 요청합니다. 이때 요약된 내용을 연구자가 검토하며 실제 내 연구의 흐름 및 내용과 일치하는지 살펴보면서 수정할 수 있습니다.

다음으로 영문 초록을 작성하는 방법입니다. 작성한 한글 초록을 입력한 후 "이 내용을 영어 초록 형태로 바꾸어줘"라고 하면 영문 초록 역시 작성할 수 있습니다.

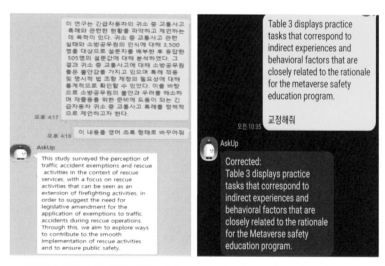

[그림11-11] 초록 생성 요청 예시   [그림11-12] 교정 요청 예시

제가 추천하는 방법은 한 번에 그대로 사용하는 것이 아니라 "교정해줘" 등의 문구를 통해 영문법에 대한 교정 및 맥락상 틀린 부분에 대해 교정을 받을 수 있습니다. 그 외 교정 시 추가 사항으로 '학술논문 형태', '명사형으로', '논문 제목 형태로' 등의 수식어를 붙여 기존 대비 적합도 높게 변화시킬 수도 있습니다. 그 후 파파고 등의 사이트를 바탕으로 내용을 다시 한번 살펴보며 내용과 단어를 교정하며 영문 초록 교정을 마무리합니다.

　　많은 교육 관계자들이 전문성 신장을 위하여 교육대학원 등에 진학하여 자신의 아이디어와 생각을 논리적으로 설명하고자 탐구하고 있습니다. 그러나 본업을 병행하는 직장인 연구자의 특성 및 처음 논리적 글쓰기를 시작하는 초보 연구자의 입장에서는 논문 작성에 대한 두려움과 불안감을 가질 수 있습니다. 이에 위에서 제시된 방법들을 활용한다면 아직 완벽한 단계는 아니며 동시에 연구자 고유의 지능과 생각의 흐름을 대체할 수는 없지만, 보조적 도움을 받아 논문의 구조와 방법에 대한 감을 잡는 데 활용할 수 있을 것으로 기대됩니다. 고도화된 창작의 영역인 논문 쓰기에서 구체화 및 정교화 방법으로서 AI와 접목할 수 있음을 위 방법을 따라 실천하며 체험하기를 추천하며 글을 마무리합니다.

생성형 AI로 상담, 발명, 작문, 작곡, 논문, 영어 회화, 생활기록부 도전

챗GPT 시대
교육, AI로 풀다

\<부록\> 미드저니로 표지 이미지 생성 과정

도이초 교사 장희영

미드저니로 표지 이미지를 생성한 과정은 다음과 같습니다. 디스코드 미드저니 프롬프트 창에 프롬프트를 작성합니다. 채팅창에 명령어 /imagine을 입력하고, 프롬프트를 입력합니다.

[그림1] 미드저니 프롬프트 입력 명령어

[그림2] 미드저니 프롬프트 입력창

첫 번째 이미지의 프롬프트는 다음과 같습니다.

Make the cover of the book, The background should have an educational and futuristic feel, with illustrations depicting students using tablet, bright mood

[표1] 미드저니 \<그림3\>의 프롬프트

'using tablet' 입력 전에는 책을 읽고 있는 학생 이미지가 생성되어 책의 컨셉과는 맞지 않아 수정하였습니다.

'bright mood'를 입력 전에는 짙은 파랑, 남색 계열의 어두운 분위기의 이미지가 생성되었는데 수정하니 조금 더 밝은 색감의 이미지가 생성되었습니다.

적합한 이미지가 생성될 때까지 새로고침 버튼(🔄)을 눌러 다시 생성합니다. 다음과 같은 표지에 어울리는 이미지가 생성되었습니다.

[그림3] 첫 번째 프롬프트로 생성한 이미지

저는 이 중에서 1번 이미지를 선택했습니다. 그래도 바로 사용할 수는 없죠. 미드저니의 능력은 뛰어나니까요. Variations 버튼으로 1번 이미지를 비슷한 느낌으로 변화를 주었습니다.

[그림4] <그림3>의 1번 이미지 Variations

이러한 과정을 거쳐 3번 이미지 최종으로 선택하고 선택하여 upscale 버튼으로 업스케일링하여 표지 이미지를 완성하였습니다.

[그림5] <그림4>의 3번 이미지 upscale

두 번째 이미지의 프롬프트는 다음과 같습니다.

Make the cover of the book, The background should have an educational and futuristic feel, with illustrations depicting students using goggles,Young student wearing goggles and doing virtual reality experience, bright mood

[표2] 미드저니 <그림6>의 프롬프트

‘Young student’ 입력 전에는 회사원처럼 보이는 남성의 이미지가 생성되었는데 입력 후에는 다음과 같이 어린 남학생의 이미지가 생성되었습니다. 1번 이미지를 업스케일링하여 표지 디자인으로 사용하였습니다.

[그림6] 두 번째 프롬프트로 생성한 이미지

[그림7] <그림6>의 1번 이미지 upscale

작업한 내용을 간단히 정리해 보았습니다. 실제로는 처음 상상한 이미지에 가장 근접하면서, 책 내용에도 어울리는 이미지를 찾기 위해 새로고침 버튼을 여러 번 클릭했습니다. 여러분들도 미드저니를 경험해 보고 싶지 않으신가요? 유료 구독 서비스 중 베이직 플랜이어도 무리 없어 보입니다.

나가며

대규모 언어 모델을 기반으로 챗GPT가 세상에 등장한 이래 그 내용과 활용에 대한 도서와 강의가 무수히 쏟아져 나오고 있습니다. 새로운 보편 기술은 다양한 영역에서 변화를 가져오며 사람들의 행동 양식을 변화시키는 데 영향을 미칩니다. 이는 교육의 영역에서도 다르지 않습니다. 생성형 AI는 기존 전문가의 영역인 창작의 영역을 뛰어넘어 다른 사람의 교수학습을 지원하는 교수자의 역할까지 도전하고 있습니다.

이러한 시대의 흐름 속에서 물결을 거스르지 않고 오히려 흐름을 이용하여 기존에 오랫동안 생각하던 문제점들에 대해 고민하고 해결하는 데 활용한 11명의 선생님이 있습니다. 교실의 혁신을 위하여, 학생들의 마음을 위하여, 그리고 교사의 성장을 위하여 오랫동안 생각하고 기술에 의해 구현된 아이디어를 이 책에 담았습니다.

이 책은 단순한 이론서나 개론서가 아닙니다. 현장 교원들의 오랜 고민과 그 해결에 대한 첫 발걸음을 가감 없이 기록한 살아 있는 교육 현장의 목소리입니다. 우리의 목소리가 여러분들에게도 닿기를 기원합니다.

2023월 5월 저자 일동

참고문헌

1. 단행본

권석만, <인간 이해를 위한 성격심리학>(학지사, 2018).

박정훈, <최상위 1%의 비밀 MBTI 공부법>(하움출판사, 2022).

변문경·박찬·김병석 외, <프롬프트 레볼루션>(다빈치북스, 2023).

오한나, <인공지능 융합 수업 가이드>(다빈치books, 2023).

장문철·주현민, <모두가 할 수 있는 인공지능으로 그림 그리기>(앤써북, 2023).

조규판·주희진·양수민, <교육 심리학>(학지사, 2019).

조봉환, 임경희, <학교상담사를 위한 학교상담의 이론과 실제>(아카데미프레스, 2019).

AI 아트 매거진, <AI 아트 크리에이터 되는 방법 (미드저니 편)>(유페이퍼, 2023).

21세기 교육 편집부, <5.31 교육개혁안 자료집>(21세기 교육, 1995).

2. 논문

Choi, Y. H. Consistency of 2015 revised national curriculum, textbooks, and CSAT according to CEFR levels: Focusing on English reading passages. (English Teaching Volume 78 Number 1 Spring. 2023).

Knowles, M. S. Self-directed Learning : A guide for learners and teachers. (New York: Association Press. 1975).

3. 국가 공문 및 고시 등

<국민과 함께하는 미래형 교육과정 추진 계획(안)> (교육부, 2021).

<학교생활기록 작성 및 관리지침>,(교육부훈령 제365호, 2021).

<2022 개정 교육과정 총론 주요 사항(시안)>(교육부, 2021).

<2022 개정 교육과정 총론>(교육부, 2022).

<2022 초중등 교육과정 총론>(교육부, 2022).

<2022 교육기본통계>, (교육통계서비스, 2023) , kess.kedi.re.kr (접속일자:2023.4.30.).

<2022년 청소년과학페어 과학토론, 융합과학종목 전국대회 운영 요강> (한국과학창의재단, 2022).

<제44회 전국학생과학발명품경진대회 개요>(국립중앙과학관, 2023).

4. 인터넷 매체 기사

"[교육소식]광주시교육청, 심리정서지원 가이드북 개발·보급 등", <NEW IS>, 2022.12.17.,mobile.newsis.com/view.html?ar_id=NISX20221227_0002138231(접속일자: 2023.05.19.).

"국자와 효자손은 달라"…AI 튜터에는 '상호작용' 없다", <뉴스핌>, 2023.04.08., www.newspim.com/news/view/20230407000860(접속일자:2023.05.15.).

"상담실이 없어 교사 휴게실에서… 학교 상담 인프라 부족", <EBS뉴스>, 2023.05.19.,news.ebs.co.kr/ebsnews/allView/60351307/N(접속일자: 2023.05.19.).

"우리 아이들 불쌍해"…우울증·불안장애 아동·청소년 4년간 21만명, <매일경제>, 2023.05.04.,naver.me/FU9tnNQV (접속일자: 2023.05.06.).

"인천시교육청 위(Wee)센터, 담임교사 상담역량 강화 직무연수", <미디어타임즈>,2023.05.19.,www.mdtimes.kr/445844(접속일자: 2023.05.19.).

"질문 안 하는 기자들? 안 하는 게 아니라 못하는 것", <미디어오늘>, 2014.02.03.,www.mediatoday.co.kr/news/articleView.html?idxno=114621 (접속일자: 2023.05.18.).

"한국인 영어수준…'읽기'는 22위, '말하기'는 122위", <아주경제>, 2019.06.24.https://www.ajunews.com/view/20190624083552757(접속일자:2023.05.04.).

"화가 화풍 베낀 AI 이미지…"창작" vs "표절" 갑론을박", <이투데이>, 2023.04.04.,www.etoday.co.kr/news/view/2237418(접속일자: 2023.05.04.).

"AI 창작물 '저작권 분쟁'…재창조되면 보장", <위키리스크한국>, 2023.05.04.,www.wikileaks-kr.org/news/articleView.html?idxno=136349(접속일자: 2023.05.04.).

"[MTN 현장+]'봉이김선달' 챗GPT로 달려가는 韓스타트업…황금알 낳으려면", <MTN뉴스>, 2023.03.22.,https://news.mtn.co.kr/news-detail/20230322120337911763(접속일자:2023.05.04.).

5. 유튜브 영상

"공부가 제일 싫었어요, 스탠포드대 부학장이 된 만년 꼴찌 폴김 자기님", <유튜브 채널: YOU QUIZ ON THE BLOCK EP.167>, youtu.be/fsGYsrSwezo, (접속일자:2023.05.15.).

"자신에 대한 이해도를 알아볼 수 있는 「메타인지 테스트」 차이나는 클라스 인생수업 5회", <유튜브 채널: 차이나는 클라스>, youtu.be/WOBRi-1bQJM(접속일자: 2023.05.04.).

"챗GPT 이후, 성공 방정식이 뒤집혔다", <유튜브 채널: 세바시 일생질문>, youtu.be/f2eZ5sGdOa, (접속일자:2023.05.15.).

"챗GPT 함수로 이런것도 된다구? 업무 자동화 총정리!!", <유튜브 채널: 런빌드>, youtu.be/8mkvyl8_4lk, (접속일자:2023.05.04.).

"타이핑만 할 줄 알면 나도 동화 작가| ChatGPT + 미드저니로 동화책 만들기(아마존 판매 가능)| 미드저니 명령어 똑똑하게 입력하기| ChatGP 200% 활용", <유튜브 채널: 기자 김연지>, youtu.be/-79WCOE4Q28(접속일자: 2023.05.03.).

"피아노로 MBTI J와 P를 표현하기[즉흥연주]", <유튜브 채널: 이은율 composition>, youtube.com/shorts/e0fYflb0544?feature=share(접속일자: 2023.05.04.).

6. 인터넷 사이트

구글 시트 sheet.new	오픈 API platform.openai.com	겟코디 getcody.ai
포 poe.com	캔바 canva.com	빙 bing.com
바드 bard.google.com	애스크업 upstage.ai/askup	챗GPT chat.openai.com
챗독 chatdoc.com	미드저니 midjourney.com	뤼튼 wrtn.ai
달리2 openai.com/product/dall-e-2	스테이블 디퓨전 stablediffusionweb.com	디스코드 discord.com
드림스튜디오 beta.dreamstudio.ai	북크리에이터 bookcreator.com	밴드랩 bandlab.com
아이바 aiva.ai	후크티오리 hooktheory.com	딥AI deeeai.org
웜보 w.ai(wombo.com)	엘리싯 elicit.org	코랩 colab.research.google.com
스몰톡 smalltalk.fyi